# 路基工程——粉土性能改良及粉土路基设计与施工

彭丽云 刘兵科 著

机械工业出版社

本书介绍了粉土在我国的分布、粉土的成因及粉土在路基工程中的研究现状；系统介绍了依托工程的项目线位、技术标准、设计速度、区域内填土分布、工程地质概况、水文地质概况和气候特征，论述了对粉土进行改良研究的目的和意义；通过含水量试验、颗粒分析试验、界限含水量试验、击实试验、直接剪切试验、侧限压缩试验、承载比试验和渗透试验分析结果，详细分析了粉土填料自身的物理力学性质，并评价了粉土的路用性能；在上述研究内容的基础上，提出了改良粉土填料性能的三种方法（石灰改良粉土、水泥改良粉土和掺加黏土改良粉土），分析了改良机理，并从颗粒级配、击实特性、抗剪强度指标、压缩特性、CBR 值和渗透特性等方面评价了上述改良方法的改良效果；提出了改良粉土路基设计的三种典型断面形式；结合依托工程，详细介绍了粉土路基施工中的施工准备、基底处理、路基试验段施工、填土路堤施工、土方路堑施工、土工布填筑路段施工、路基排水、路基边坡防护和特殊路段处理等；最后，针对粉土路基压实难度大，压实质量难以保证等问题，详细介绍了粉土路基的碾压技术，包括压实原理、压实标准、压实方法与机具、冲击碾压技术和不同改良区域的碾压方法，总结了粉土路基填筑施工过程中常见的质量缺陷及预防措施。

本书可作为高等学校土木工程、道路桥梁与渡河工程、市政工程、机场工程、港口航道工程等专业的教材，也可作为从事公路、城市道路、机场道路建设及交通行业相关技术人员和管理人员的参考书。

## 图书在版编目（CIP）数据

路基工程：粉土性能改良及粉土路基设计与施工/彭丽云，刘兵科著. —北京：机械工业出版社，2020.4
ISBN 978-7-111-64951-9

Ⅰ.①路… Ⅱ.①彭…②刘… Ⅲ.①路基工程-工程施工-高等学校-教材 Ⅳ.①U416.1

中国版本图书馆 CIP 数据核字（2020）第 035691 号

机械工业出版社（北京市百万庄大街 22 号　邮政编码 100037）
策划编辑：林　辉　责任编辑：林　辉
责任校对：张　征　封面设计：陈　沛
责任印制：张　博
三河市国英印务有限公司印刷
2020 年 5 月第 1 版第 1 次印刷
169mm×239mm · 10.5 印张 · 211 千字
标准书号：ISBN 978-7-111-64951-9
定价：58.00 元

电话服务　　　　　　　　　　网络服务
客服电话：010-88361066　　机 工 官 网：www.cmpbook.com
　　　　　010-88379833　　机 工 官 博：weibo.com/cmp1952
　　　　　010-68326294　　金　书　网：www.golden-book.com
封底无防伪标均为盗版　　　机工教育服务网：www.cmpedu.com

# 前 言

粉土是指粒径大于 0.075mm 的颗粒质量不超过总质量的 50%，且塑性指数小于或等于 10 的土，是介于砂土和黏土之间、性质比较特殊的一类土。粉土既不表现出砂土抗剪强度高、易排水固结、透水性大的优点，又不具有黏性土防水性能好、黏聚力大、不易被水冲蚀流失的优点。尽管现行 TB 10035—2018《铁路特殊土路基设计规则》未将粉土作为一种特殊土来处理，但粉土具有黏粒含量少、塑性指数低、黏聚力低、毛细管发育、保水性差、干燥时呈粉状、浸水时易成流体状的特点；粉土土样级配差、粒径均匀，填筑时难压实且压实质量难保证，同时粉土还具有较强的冻胀敏感性，极易诱发路基冻胀、融沉，在外界荷载作用下又容易出现翻浆。因此，在工程实践中将粉土认定为工程性质较差的土。用粉土填筑的路基，在使用过程中容易出现坡面冲蚀、渗透破坏、潜蚀破坏和过大变形等路基病害，这将对公路、铁路的正常运营产生很大影响，且病害一旦发生整治极其困难。

JTG/T 3610—2019《公路路基施工技术规范》尚无明确的采用粉土填筑高等级公路路基的条文规定，但在我国的一些高速公路如商开高速、鹤濮高速、郑少高速、衡炎高速和盐通高速中，已尝试将粉土作为填筑材料，但尚未形成标准的施工工艺，在进行路基修筑施工质量控制时依然存在着很多的困难。粉土在高速公路工程中的应用研究尚处于起步阶段，无论是固化剂的研究，还是压实工艺的研究等均不够成熟，并且应用研究多是从单个工程的具体工艺展开。而对于高速公路工程，路基本体占有较大比例，路基的稳定性直接关系到运营的安全和养护工作量。修筑质量高、压实效果好、强度高的路基是必要的，但当高速公路沿线土体不能作为路基填土使用时，所需的大量外购土方无疑是工程建设中的巨大投资，若土方供应不及时，将直接影响工期。工程实践证明，通过采用一定的改良工艺、选用高效的压实机械并进行合理的压实控制，粉土是可以达到路基填筑要求的。这将使高速公路工程沿线的粉土变废为宝，就地取材，对道路工程建设具有重要意义。在国内粉土固化剂、压实理论与实践都相对缺乏的背景下，本书以京台高速公路建设为依托，以粉土的基本物理力学性质为立足点，以该类土在高速公路中的成功应用和技术推广为目标，通过添加固化剂或者改良施工工艺等方法、研究粉土固化技术、压实理论及压实工艺。研究结果对高速公路建设成本降低和建设过程中的节能减排，具有重要的意义，会产生良好的社会效益、环境效益和经济效益，同时也为类似土质条件下，路基工程设计、施工提供理论指导和经验借鉴。

本人长期从事特殊土物理力学性质及其加固处理方面的理论研究工作，对黄河冲积粉土的物理力学性质进行过专门研究，对京九线粉土路基开展过注浆加固研究，对京台高速粉土路基进行过改良研究，对北京地区富水粉细砂地层进行过注浆加固研究，对冻土的冻胀融沉进行过机理和试验研究，对北京承压水砂卵石地层进行过注浆模型试验研究。上述研究为本书提供了丰富的素材，为本书的高质量完成提供了保障。

本书内容共 7 章。第 1 章为概述，是在充分调研国内外文献的基础上，总结分析了粉土在我国的分布、粉土的成因及粉土在路基工程中的研究现状，介绍了粉土路基的工程性质，提出了粉土及粉土路基在道路工程应用中存在的各种问题。第 2 章为工程概况，系统介绍了依托工程（京台高速公路）的项目线位、技术标准、设计速度、区域内填土分布、工程地质概况、水文地质概况和气候特征，论述了对粉土进行改良研究的目的、意义及应用前景。第 3 章为粉土填料物理力学性质及路用性能评价，介绍了粉土的含水量试验、颗粒分析试验、界限含水量试验、击实试验、直接剪切试验、侧限压缩试验、承载比试验和渗透试验分析结果，详细分析了粉土填料自身的物理力学性质，并评价了其路用性能。第 4 章为改良粉土填料性能分析，在粉土路用性能评价的基础上，提出了改良粉土填料性能的三种方法（石灰改良粉土、水泥改良粉土和掺加黏土改良粉土），分析了改良机理，并从颗粒级配、击实特性、抗剪强度指标、压缩特性、CBR 值和渗透特性等方面评价了上述改良方法和改良效果。第 5 章为粉土路基设计，介绍了粉土路基设计的基本内容和要求，重点针对上述三种改良方案，提出了石灰改良粉土、水泥改良粉土、土工织物综合改良粉土路基断面的设计形式。第 6 章为路基施工，详细介绍了粉土路基施工中的施工准备、基底处理、路基试验段施工、填土路堤施工、土方路堑施工、土工布填筑路段施工、路基排水、路基边坡防护和特殊路段处理等。第 7 章为粉土路基碾压技术，针对粉土路基压实难度大、压实质量难以保证的问题，详细介绍了粉土路基的碾压技术，包括压实原理、压实标准、压实方法与机具、冲击碾压技术和不同改良区域的碾压方法，总结了粉土路基填筑过程中常见的质量缺陷和预防措施。

本书由北京建筑大学彭丽云、北京建工集团有限责任公司刘兵科共同撰写。在撰写过程中，得到了北京建筑大学齐吉琳教授、王健教授、张怀静教授，北京奥科瑞检测技术开发公司张芳芳总工程师北京建工集团有限责任公司白守兴工程师的大力支持和帮助，他们对书稿提出了许多宝贵的意见和建议，在此表示衷心的感谢。北京建筑大学的硕士生李朝成、刘铭杰、刘德欣、崔长泽、朱同宇做了大量的资料收集、校对和文字整理等工作,在此表示衷心的感谢。同时,本书出版得到了机械工业出版社的大力支持和帮助,得到了国家自然科学基金面上项目(41772291)和北京建筑大学市属高校基本科研业务费专项资金(X19012)的资助,在此表示衷心的感谢。

  由于著者水平有限,疏漏之处在所难免,敬请读者批评指正。

彭丽云

# 目 录

前 言
第 1 章 概述 ……………………………………………………………………………… 1
  1.1 粉土在我国的分布 ……………………………………………………………… 1
  1.2 粉土的成因 ……………………………………………………………………… 2
  1.3 粉土在路基工程中的研究现状 ………………………………………………… 2
  1.4 粉土路基工程性质概述 ………………………………………………………… 7
第 2 章 工程概况 ………………………………………………………………………… 9
  2.1 项目线位 ………………………………………………………………………… 9
  2.2 技术标准 ………………………………………………………………………… 9
  2.3 设计速度 ………………………………………………………………………… 10
  2.4 区域内填土分布 ………………………………………………………………… 11
  2.5 工程地质概况 …………………………………………………………………… 11
  2.6 水文地质概况 …………………………………………………………………… 15
  2.7 气候特征 ………………………………………………………………………… 16
  2.8 研究目的、意义与应用前景 …………………………………………………… 17
第 3 章 粉土填料物理力学性质及路用性能评价 ……………………………………… 19
  3.1 路基土物理力学性质测定相关试验 …………………………………………… 19
  3.2 试验结果分析 …………………………………………………………………… 42
  3.3 土样的路用性能分析 …………………………………………………………… 55
  3.4 本章小结 ………………………………………………………………………… 56
第 4 章 改良粉土填料性能分析 ………………………………………………………… 57
  4.1 石灰改良粉土性能研究 ………………………………………………………… 57
  4.2 水泥改良粉土性能研究 ………………………………………………………… 71
  4.3 掺加黏土改良粉土 ……………………………………………………………… 85
  4.4 三种改良方案对土样性能的影响分析 ………………………………………… 90
  4.5 本章小结 ………………………………………………………………………… 97
第 5 章 粉土路基设计 …………………………………………………………………… 98
  5.1 路基设计 ………………………………………………………………………… 98
  5.2 改良粉土路基断面设计 ………………………………………………………… 109

## 第6章 路基施工 ················································································ 114
### 6.1 施工准备 ··············································································· 114
### 6.2 基底处理 ··············································································· 116
### 6.3 路基试验段施工 ······································································ 117
### 6.4 填土路堤施工 ········································································· 118
### 6.5 土方路堑施工 ········································································· 127
### 6.6 土工布填筑路段施工 ································································ 129
### 6.7 路基排水 ··············································································· 131
### 6.8 路基边坡防护 ········································································· 137
### 6.9 特殊路基段处理 ······································································ 140

## 第7章 粉土路基碾压技术 ······································································ 143
### 7.1 路基压实原理 ········································································· 143
### 7.2 路基压实标准 ········································································· 144
### 7.3 常用压实方法与机具 ································································ 145
### 7.4 冲击碾压技术在粉土路基中的应用 ·············································· 147
### 7.5 碾压方法 ··············································································· 151
### 7.6 粉土、砂粉土路基填筑常见质量缺陷及预防措施 ··························· 154

## 参考文献 ···························································································· 156

# 第1章

# 概 述

GB 50007—2011《建筑地基基础设计规范》指出，粉土是介于砂土和黏土之间，塑性指数①$I_p$小于或等于10且粒径大于0.075mm的颗粒含量不超过总重50%的土[1]。粉土性质比较特殊，既不表现出砂土抗剪强度较高、易排水固结、透水性大的优点，又不具有黏性土防水性能好、具有较大黏聚力、不易被水冲蚀流失的优点。尽管TB10035—2018《铁路特殊土路基设计规则》未将粉土作为一种特殊土来处理，然而在工程实践中，粉土往往表现出较差的力学性质，容易发生土体潜蚀破坏、坡面冲蚀、滑坡、地震液化和渗透变形，对路基工程而言病害更为严重。粉土自身的不易压实或粉土路基采用的压实标准偏低，都会导致路基出现沉降。粉土的水稳性差极易诱发路基产生冻胀、融沉，在外界荷载作用下又容易出现翻浆，影响路基的稳定性、工作性能和使用寿命，严重威胁行车安全，且病害一旦发生，整治难度大。

粉土在我国分布广泛，随着公路、铁路等建设项目的不断增加，有大量的工程穿越粉土地区，如继续将粉土作为一般土设计，已不能满足工程需求。例如，京九铁路济南段路基就由于粉土填筑的原因，每年雨季出现各种病害，严重影响线路的正常运营。针对该问题，本书首先通过试验分析了粉土及其改良土的物理力学性质和压实特性，探究了粉土路基的改良方法和改良效果，并针对粉土路基断面设计并提出了路基的碾压施工技术，研究结果可为类似工程的设计、施工等提供理论依据和经验指导。

## 1.1 粉土在我国的分布

我国地域辽阔，由于自然地理环境的不同，分布着多种多样的土类，如软土、

---

① 塑性指数$I_p$是土的液限$w_L$与塑限$w_p$之差，用百分数的分子表示。

黄土、粉土、淤泥质土等，其中粉土的分布非常广泛。粉土主要分布在淮河流域、黄河流域、珠江流域、长江中下游，以及金沙江上游干热河谷、岷江、嘉陵江、乌江流域、雅砻江的大部分地区，还分散于黄河源头、澜沧江、怒江、金沙江、川西北部分地区以及西藏雅鲁藏布江中游河谷。在地域上涉及四川、青海、宁夏、甘肃、陕西、内蒙古、河南、山西、山东、江苏、福建、浙江、湖南、江西、广东、广西、湖北、贵州、海南、云南、重庆等众多省（自治区、直辖市），且这些地方往往河网众多，道路交通发展也较为迅速。

## 1.2 粉土的成因

粉土（包含低液限粉土、高液限粉土）属于第四系全新统地层（$Q_4$）形成的土类，按成因类型将其分为风成粉土、水成粉土和残积粉土，这三类粉土所表现的工程性质差异很大。

1. 风成粉土

风成粉土是在干旱气候条件下，风力携带的微粒尘土，随着风的停息而沉积成的黄色粉土沉积物，也被称为黄土。风成粉土广泛分布在丘陵、山坡和河流阶地，往往具有较大的孔隙结构和湿陷性。

2. 水成粉土

水成粉土是通过水的动力作用搬运和沉积而形成的。它广泛分布在冲积平原、洪积平原、河流三角洲、沿海平原和湖积平原，是工程施工中经常遇到的土类之一，一般分为山区粉土和平原粉土。这种粉土通过长距离运输而磨圆，具有单一粒度成分，并且粉粒占优势，几乎没有大于 0.075mm 的粗粒组，且小于 0.005mm 的黏土组较少，颗粒级配曲线陡峭，级配严重不良。水成粉土往往表现出击实困难、水稳性差、容易振动和液化失水的特点，此外还具有压缩量大、地基承载力低的特点。这一类土为粉土中最多、最难处理的一种土类。

3. 残积粉土

残积粉土是岩石经过风化作用，一部分已被风和水搬运带走，一部分由于重力堆积作用未被搬运而保留在原地的粉土。由于重力堆积作用和残坡积作用，残积粉土广泛分布于丘岗、坡麓、河流阶地，其物理性质和工程性质与黄土相似，称为次生黄土。在风成粉土和残积粉土中，粉粒占主导地位，黏粒和砂粒含量较少，多表现为粉土、粉质黏土和含砂粉质黏土。

## 1.3 粉土在路基工程中的研究现状

长期以来，粉土在路基工程中的研究多集中在该类土的无机结合料稳定问题、压实工艺和土壤的固化剂改良等方面，且通过工程实践总结了该类土的部分工程特点，初步掌握了一些施工经验。但由于粉土成因复杂，不同的土类性质差别较大，致使压实机理不同，改良方法不同。因此，粉土的改良和压实仍将是一个值得研究的问题，只有完全探明了压实机理，才会从根本上解决粉土的压实问题。

## 1.3.1 粉土路基压实特性研究现状

许多工程中都会用到填土，如路基、地基、土坝和土堤。填土时，需要通过夯打、振动或碾压等方法压实土壤。在压实能的作用下，土颗粒克服了颗粒之间的阻力并产生相对位移，减少了土壤中的孔隙并增加了密度，从而使土体强度提高、压缩性降低、渗透性减小，极大地确保了基础和上部结构的安全。由于土粒粒组不同，细粒土和粗粒土呈现出不同的压实特性。压实细粒土时，宜使用夯击机具或压强较大的碾压机具，且必须控制土的含水量，如果含水量过低或过高，均不能获得良好的压实效果。但在压实粗粒土时，在充分洒水的同时应使用振动工具，通过振动冲击的作用使其达到较好的压实效果。

国外关于粉土压实的研究较少。日本提出了土质路基压实控制方法，即根据土的级配（$75\mu m$ 筛通过量）进行控制标准的划分，对 $75\mu m$ 筛的通过量大于20%的土以孔隙率控制，对 $75\mu m$ 筛的通过量不到20%的土以密度比控制。基于此，粉土路基建议采用孔隙率控制压实，因为粉土 $75\mu m$ 筛的通过量往往超过20%。还有部分研究集中在压实方法的探讨上。Dumas研究了饱和粉土和粉砂土的压实方法，并提出了改善粉土路基的施工要点[2]。Hua Li研究了细粒土特性及完整的压实曲线，拟合了曲线从干到湿状态的变化情况，并可预测在不同压实功下给定土质的压实曲线簇[3]。实际工程中，美国蒙大拿州的州际公路上，针对松散干燥的冲击砂和粉土采用强夯的方法进行压实，效果较好。南非则采用了水平振动的压实方法。

国内关于粉土压实的研究较多。何长征[4]、时永林[5]、宋顺德[6]提出了粉砂土路基的施工工艺，指出若采用振动压路机对其进行碾压，应按先慢后快、先静压后振压、先两侧后中间的程序进行，且压路机碾压速度应控制在一定范围内，若速度太快，表层土体将难以压实成型。曹卫东、商庆森等[7]进行了低液限粉土的击实试验，发现当含水量较低时，粉土土质松散，不易压实；当含水量过高时又会出现"弹簧土现象"。因此粉土的压实不应在过高的含水量条件下进行，也不应在过低含水量条件下进行，可仅靠增加压实功的方法来有效地提高粉土的压实度。申爱琴、郑南翔等[8]研究了粉土的物理力学性能和动力学特性，分析了粉性土的压实机理及其影响因素，并提出了适宜粉性土的填筑碾压工艺。粉土在碾压时，首先应通过室内重型压实试验测定粉土最佳含水量及最大干密度。现场压实时，在最佳含水量+3%的范围内分层压实，动、静结合压实。压实机械主要为振动压路机，采用先动后静、先强后弱、先低速后高速的振动压实方法。碾压前应对粉土填土层的松铺厚度和含水量进行检查，符合要求后方可进行碾压，碾压时常规地段由两边向中间进行碾压，曲线段则采用由内侧向外侧纵向进退式的碾压方式，每层必须检验压实度,合格后方可填筑下一层。叶东升、范跃武等[9]对商开高速公路粉性土路基填筑技术进行了研究,指出粉性土是一种较难压实的土,冲击碾压对粉性土的压实效果不明显,振动压实效果较好。若恰当地使用振动压路机、合理地控制含水量,就可以使其达到规定的压实度。此外,粉土路基表层宜换填低剂量的水泥土补强来提高土的模量。曹源文等[10]对风积砂的压实工艺和压实方法进行了探讨,具体内容包含风积砂的压实特性、振动加速度、工作速度以及铺设厚度和碾压遍数等内容。耿福志[11]针对神延线粉砂路基实际情况,介绍了粉砂路基的施工方法、施工工艺和路基防护措施,特别对粉砂路基的压实方法进行了说明,指出细砂对振动最敏感,故应优先选择振动压实机械,并遵循先静后动,先轻后重,先快后慢,先两边后中间的原则。张立辉等[12]基于林肇公路粉砂土路基工程,指出粉砂土施工关键是解决洒水问题,当填料含水量控制在比最佳含水量高一个百分点时,方可达到最佳压实效果,以保证工程质量。刘军[13]根据少洛高速的实际情况指出粉砂土含水量在18%~22%时碾压效果最佳,振动碾压虽增大了下层土体的密实度但对上层土体的压实作用影响甚微,并且超碾压会造成路基中已形成的结构破坏并使其密实度降低,故建议适实、合理的采用振动碾压。曹卫东[14]对粉土压实特性的研究表明,当含水量较小时,粉土试样松散,易从击实筒内部挤出。当含水量较大时,击实筒底部已有水溢出,出现"弹簧"现象,难以击实。区别与传统击实曲线的单峰值,粉土的击实曲线呈现出双驼峰,在第二个驼峰出现干密度的最大值。粉土中孔隙体积较大,致使击实曲线远离饱和曲线,土体并未达到真正密实。此外,击实功越大土样最大干密度也越大,但最优含水量降低,孔隙比 $e$ 和饱和度 $S_r$ 也随之递减,土体中总的孔隙体积 $V_a$ 增加,说明采用较大击实功压实后的粉土路基,尽管土体强度有所提高,但土体内部的孔隙仍然较发育,路基土体水稳性差。陈忠达、张登良[15]根据塔克拉玛干沙漠地区筑路的实际情况,分析了风积沙路基的压实特性、压实动态性能及压实机理。认为风积沙路堤的压实过程不同于黏性土与砂性土,在低含水量时,可获得较好的密实度,且采用振动压实可使土体达到较好的密实效果。魏五洲等[16]通过对粉土物理力学性质的研究,阐述了由粉土加固路面基层造成的破坏的机理和由此产生的主要路面病害。在此基础上,提出了适合该地区公路路面的基层结构形式和基层类型。刘肇生[17]根据对粉质路基土在六种不同击实功作用下所得击实试验数据的分析,论述了"经济击实功"的存在。并通过计算,分析了击实功的提高引起的土体相关物理指标变化规律,重点强调了饱和度在击实中的重要作用。孙丽杰[18]通过对高含水量低液限粉土填筑路基的研究指出,通过合理选配施工机械、压实方法、降低天然含水量,并加强成型路基在雨季的防护,可达到粉土路基高速优质施工的目的。景学连[19]讨论了粉性土路基的压实效果与含水量、压实功之间的关系,指出现场路基施工时,含水量要控制在最佳含水量±2%的范围内,并遵循先两侧后中间、先轻后重、再重到轻、轻重结合的原则。路床一般不用粉土填筑,应通过换填黏土、石灰土或水泥土来完成。孟光军[20]研究了冲击压实在黄土区道路中的应用,指出冲击压实效果主要受路基填土的含水量、初始压实度和颗粒组成等因素的影响。路基初始压实度越高,越不利于冲击压实整体效果的提高,黏粒含量越高的土质,由于渗透性差,冲压效果也较差。对饱和路基土进行冲击碾压时,为进一步提高冲压后路基土的压实效果,应加大分层碾压间隔时间,以利于孔隙水压力的消散。同时,为取得可靠的检测数据,对路基土最终的冲压质量检测也宜在土体触变恢复后进行。

综上所述,国内外学者提出了多种适用于粉土的压实方法,涉及粉土的压实性能、压实效果和压实机理,取得了一定的研究成果。

## 1.3.2 粉土改良研究现状

对粉土路基采用固化剂改良加固方面,国内主要采用无机胶凝材料,如水泥、石灰、粉煤灰或上述几种材料的组合,还用到了一些新型固化剂,如 GB-0、B-4、SEU-2、Soilfix 型固化剂等,也获得较好效果。

李治平、王洪波[21]针对低液限粉土黏粒含量少、活性低、塑性指数小、强度低、稳定性差等特点,提出了采用石灰闷粗料或加水泥的方法来提高土体自身的抗剪强度。

商庆森等[22]对黄河冲(淤)积粉土的路用性能进行了研究,采用正交试验法分析了二灰稳定黄河冲(淤)积粉土的压实特性、配比关系、抗冻性、强度生成与增长特点,并探讨了强度形成及增强机理,为黄泛平原地区道路的结构层配比设计及施工提供了参考依据。

王彦勇、王小亚[23]通过室内试验对水泥石灰稳定粉砂土的无侧限抗压强度、回弹模量等性能进行的研究表明,在相同水泥与石灰比下,随着水泥石灰掺入总量的增加,水泥石灰稳定粉砂土的无侧限抗压强度逐渐增加。水泥与石灰的最佳掺入比为1:3,水泥最佳掺入量为3%。

陈辉星[24]分析了粉煤灰、二灰稳定粉砂土养护龄期与强度之间的关系,指出当养护龄期低于60d时,前者的无侧限抗压强度增长速率要远高于后者,但后期强度增长速率两者相差不大。前者在各龄期下的劈裂强度与抗压回弹模量远大于后者,且早期劈裂强度与回弹模量增长速率高于后者。后者的抗压回弹模量值早期增长缓慢,28d后增长速率加快,60d后增长速率再次减缓。工程应用实例表明,上述方法改良的粉砂土路基,其强度与抗变形能力均良好,满足相关规范要求。

朱辉、杜明芳等[25]对水泥、石灰双掺改良土的最佳配比进行了研究,指出水泥掺量4%、石灰掺量8%时效果良好,并通过现场试验段铺设和相应路段的监测,验证了该方法良好的改良效果,即能满足工程需要,又解决了单掺改良材料的不足。

尹正贵、杜明芳等[26]以黄泛区国道107线郑州段改建工程为依托,通过对多种改良方案粉砂土的击实试验,优选出双掺石灰水泥的最佳方案,并确定最佳掺入比为3%的水泥和8%的石灰。并结合室内试验结果和数值模拟计算,对比分析了在交通荷载作用下三种改良土的变形特性,进一步验证了双掺石灰水泥的改良方法在处理粉砂土路基方面的优越性。

岳爱敏、李焕坤等[27]针对京台高速公路（北京段）的土样,在分析传统水泥改良方案不足的基础上,提出石灰-粉煤灰改良方案,并确定了石灰、粉煤灰、粉砂土的最佳配比为4∶8∶88。

屠晨阳[28]对水泥固化砂质粉土的外掺剂进行了研究,指出2%的石膏掺量与4%的粉煤灰掺量能大大增加水泥固化砂质粉土的强度;4%的黏粒掺量能增加固化早期的强度,适合于早期强度要求大的工程,而石灰并不适合作为砂质粉土的外掺剂。

为实现改良粉土在公路底基层中的使用,张孝彬、朱志铎等[29]利用石灰+粉煤灰、石灰+粉煤灰+水泥、石灰+水泥、SEU-2型固化剂对粉土进行改良。通过数值模拟计算得出车辆荷载作用下固化粉土底基层的拉应力和拉应变,将其和试验得出的底基层的抗拉强度进行对比,以验证上述四种外掺剂的固化效果。研究结果表明,底基层的厚度和抗压回弹模量对底基层的力学特性有较大影响,固化粉土底基层结构的优化参数为厚度15cm,抗压回弹模量1100MPa。上述四种改良方案下,固化粉土底基层的抗拉强度均满足设计要求,但SEU-2型固化剂的固化效果优于其他三种。

王金生[30]在对菏泽粉土的物理、化学及力学性质进行全面系统研究的基础上,根据规范要求及工地实际材料供应情况,在分析水泥、水泥粉煤灰、石灰、石灰粉煤灰、固化剂稳定粉土的固化机理基础之上,选用了水泥稳定粉土、石灰稳定粉土、固化剂稳定粉土、水泥石灰稳定粉土、水泥石灰粉煤灰稳定粉土、石灰粉煤灰稳定粉土、水泥粉煤灰稳定粉土、石粉稳定粉土、水泥稳定石粉粉土混合土、固化剂稳定石粉粉土混合土共计10种改良方案。针对各方案中的土体进行了回弹模量、劈裂强度及水稳定性等试验,并通过ABAQUS有限元软件对各方案底基层及路基在振动压实过程中的应力、应变进行了分析。研究指出：以7d无侧限抗压强度为基础,同时考虑收缩性能、疲劳寿命、单位标准轴载作用次数所对应的造价三个因素,对重、中交通等级的高速公路、一级公路、二级及二级以下公路推荐石灰粉煤灰稳定粉土（12∶24∶64）、水泥粉煤灰稳定粉土（8∶24∶68和8∶32∶60)固化剂稳定粉土（10∶100）等改良方案。对轻交通等级的二级及二级以下公路推荐石灰粉煤灰稳定粉土（12∶24∶64）、水泥粉煤灰稳定粉土（6∶24∶70）、固化剂稳定粉土（10∶100）等稳定方案。并通过试验段修筑,提出了水泥粉煤灰稳定粉土、固化剂稳定粉土、固化剂石粉稳定粉土三种方案下的压实工艺。

李希明、叶为民等[31]开展了Soilfix固化剂改良粉砂土的CBR试验、回弹模量试验和干湿循环试验。结果表明,Soilfix固化剂能明显提高粉砂土的路用性能,其CBR及回弹模量均随着干湿循环次数的增加,呈现先显著降低再趋于稳定的趋势。

丁毅、李乃军[32]采用水泥熟料、粉煤灰、矿渣、石灰、石膏和激发剂混合研磨形成复合土壤固化剂，通过复合固化材料在粉砂土中的胶凝和填充，综合发挥了各类材料优势，达到了较好的固化效果。

陈惠康、张召述等[33]研究获得了一种专门针对河南粉砂土作为道路基层的固化材料，其具体成分为激发剂28%，矿渣36%，赤泥28%，脱硫石膏8%。采用该固化剂固化粉砂土，当掺量为3%时，就能满足高等级公路对道路基层的强度要求。

## 1.4 粉土路基工程性质概述

路基的填筑过程是土的压实过程，是土颗粒被重新排列以实现密实的物理过程，在这个过程中，土颗粒在外力的作用下，借助土中水的润滑作用，使土颗粒之间的阻力减小而产生错位，排挤出孔隙中的气体，较小的颗粒填充到由大颗粒组成的空隙中，水填充到较小颗粒间的空隙中，从而达到压实土的效果。

然而，对于粉土而言，由于其颗粒细小且均匀，级配较差，均匀的砂土颗粒之间充填粒径均匀的粉土颗粒，而粉粒和砂粒间的空隙缺乏细小的黏粒填充，因此难以形成紧密的填充和嵌挤结构，致使自身结构欠稳定，压缩性和透水性较大。

此外，粉土黏粒含量少、液限低，几乎没有碳酸钙结核，没有形成团粒结构，自稳性差，毛细管发育，保水性差。干燥状态下，粉土极为松散，承载力极小，但渗水率极高。遇水后，尽管呈现出一定黏性，但由于黏土颗粒的缺失，黏性持续时间较短，水分散失快。用其填筑的路堤通常由于失水而难以压实成型，即使碾压成型后，也会因水分散失而重新变松散，工程质量较差。

粉土塑性指数小、含水量低、抗剪强度低、水分散失快，导致碾压的最佳含水量难以控制，易被压碎，浸水后容易成流体状态，碾压时也会因表面水损失而形成3~5cm的薄层松散层表层，易起皮。如果施工过程中操作不当还易引起剪切推移，或者碾成鱼鳞状，使得压实达不到要求，结构层不能形成板体，从而影响土的强度，留下工程隐患。若加上施工车辆的反复作用，板结的路基结构容易遭到破坏，在路基表层产生较深的车辙，严重影响施工质量。因此对粉土路基，若采用常规的压实方法和施工工艺则难以保证高速公路要求的压实质量。

用粉土填筑的路基，路基本体又有以下特性，如使用过程中容易出现坡面冲蚀、渗透破坏、潜蚀破坏和过大变形等病害，将对公路的正常运营产生很大影响，且病害一旦发生整治极其困难。

综上所述，粉土黏性小，粉粒含量较高，具有比较均匀的粒径，较低的塑性指数，且毛细管发育，水稳定性差，具有冻胀敏感性，干燥时呈粉状，浸水时易成流体状态，工程性质较差，不建议在高速公路中使用。但是高速公路穿越里程长、路基填筑高度高，所需土方量极大，若外购土方，则将使得工程成本急剧增加。本着节能减排的理念，研发有效利用高速公路沿线的粉土应用技术，将其作为良好的路基填料来使用，将会有效降低工程造价、方便施工。

# 第 2 章

# 工程概况

## 2.1 项目线位

自 1988 年沪嘉高速公路建成通车以来，20 多年间中国高速公路建设获得了举世瞩目的成就。为完善国家高速公路网，方便人们出行，国家大力修建高速公路，京台高速为其中的一条。该高速公路北京段的建设为加强北京南城地区与市中心区的交通联系，促进京津冀地区协调发展，具有重要意义。

京台高速公路北京段，起点位于 104 国道与南五环路相交点东侧约 300m 处，与蒲黄榆快速路相接，向南经大兴旧宫镇、瀛海镇、青云店镇和安定镇，终点与河北省线位接线。项目线位与六环路、清源路、东部发展带联络线（规划）、魏永路、东部过境通道（规划）等北京市重要的高等级道路相交。相交道路中，主要道路共计 31 条，高速公路 2 条，一级公路 7 条，二级公路 14 条，三级公路 8 条，城市次干路 2 条。项目线位与京山铁路、京沪高铁相交。此外，全线共与约 60 条东西向地方道路（机耕路、田间路等）相交，与 9 条河道共线或相交。项目全线共设置互通式立交 6 座，分离式立交 5 座，特大桥 1 座，大桥 2 座，中桥 4 座，涵洞 71 道，主线收费站 2 处。项目沿线的现况及规划道路如图 2-1 所示。

## 2.2 技术标准

道路全长约为 27.2km，双向 8 车道，标准段路基宽度为 41m 和 42m，其中项目设计起点至道路主收费站标准路基横断面宽度 41m，主收费站至设计终点标准路基横断面 42m。

全部道路中，路基段长度为 23km 左右，占比 84.6%，包含填方路基和路堑。其中路堑挖方工程挖方最大深度为地表下 8~9m，填方路基工程填方高度为 1.2~

图 2-1　拟建高速公路地理位置示意图

9.0m。为减少外购土方的费用，拟采用自平衡方式，将挖方用到填方。

本项目全线采用平原微丘区双向八车道高速公路标准，其主要技术标准见表 2-1。

表 2-1　项目建设主要技术标准

| 序号 | 项　　目 | 技 术 标 准 |
| --- | --- | --- |
| 1 | 公路等级 | 高速公路 |
| 2 | 路基宽度/m | 41/42 |
| 3 | 设计速度/(km/h) | 120 |
| 4 | 新建桥涵汽车设计荷载等级 | 公路—Ⅰ级 |
| 5 | 设计洪水频率 | 1/100 |
| 6 | 车道数 | 8 |

## 2.3　设计速度

设计速度是公路技术标准的主要内容之一，设计速度要满足速度均匀过渡性要求和控制项目规模的需要。确定合理的设计速度是公路设计的重要组成部分，也是工程设计的基本要求和前提。项目道路设计速度为120km/h，其中与之衔接的南五环路和南六环路的设计速度为100km/h，蒲黄榆段快速公路的设计速度为80km/h。考虑到该设计速度与连接道路设计速度相协调的原则，将速度差减小规定为不超过20km/h，以确保道路行驶的安全、高速和舒适。

为控制项目规模的需要,距南五环路—南六环路约7km,规划有4条一级以上(包括1级)道路,平均距离为2.3km,同时,建立一个主线收费站。

综上所述,综合考虑线形标准、节点间距、收费站点布局和相关道路设计速度等控制条件,全线设计速度细化为起点至主线收费站段设计速度为100km/h,主线收费站至终点设计速度是120km/h。分段式设计速度的确定,不仅是设计技术标准的合理使用,而且体现了灵活设计的概念,既减小了项目的规模,又体现了节约资源的理念。

## 2.4 区域内填土分布

榆垡站区域整体上位于廊-固凹陷区内榆垡镇西南,该地区第四系沉积厚度为400m左右,地层岩性以黏性土、粉性土为主,占总厚度的85%,是南部沉降发育的典型区域。顺义天竺站区域整体上位于后沙峪凹陷内,第四系厚度超过500m,沉积物颗粒较细,岩性以黏性土、粉土、粉砂、中细砂为主,占总厚度的70%以上,为北部沉降发育的典型区域。

## 2.5 工程地质概况

### 1. 地形地貌

拟建场地位于北京市平原区,沿线主要为平原地貌。区域内覆盖层主要为第四系沉积物,为冲、洪积河流相沉积,位于永定河冲洪积扇下部的边缘地区,属古永定河和古㶟水河的河间地块,偶见湖沼相,曾为永定河泛滥区。沿线整体地势为由北向南逐渐降低,自然地面标高范围为35.5~22.1m,平均坡度小于1‰[34]。拟建线路大部分位于农田、苗圃、大棚及少量民房内,部分地段跨越田间道路、河流和沟渠。在跨越既有道路时,局部道路两侧分布有地下管线。

### 2. 地层岩性

北京地层,除缺少震旦系、上奥陶统、志留系、泥盆系、下石炭统、三叠系及上白垩统外,其他地层都有发育,主要有太古宇密云群,中元古界长城系、蓟县系、待建系、青白口系、古生界寒武系、奥陶系、石炭系—二叠系,中生界三叠系、侏罗系、新生界古近系、新近系、第四系[35],总厚度达$6\times10^4$m。项目线位下伏基岩涉及地层主要有,古生代寒武系、新元古代青白口系和中元古代蓟县系,其中碳酸盐岩地层主要为寒武系灰岩和蓟县系白云岩。

勘察揭露地层最大深度为20m,根据钻探资料及室内土工试验结果,按地层沉积年代、成因类型,将本工程场地勘探范围内的土层划分为人工堆积层($Q^{ml}$)、第四纪全新世冲洪积层($Q_4^{2+3al+pl}$)、第四纪晚更新世冲洪积层($Q_3^{al+pl}$)三大层。在此基础上,按地层岩性及其物理力学性质又可将其进一步分为5个大层,由上至下依次为：

1）人工堆积层 $Q^{ml}$，主要包含粉土填土、粉土填土①层和杂填土①$_1$层，层底标高为 20.55~27.18m。粉土填土①层：黄褐色~褐黄色，稍湿~湿，松散~稍密，含植物根、砖渣、白灰渣，大部分为耕植土，局部为粉质黏土填土；杂填土①$_1$层：杂色，稍湿~湿，松散~稍密，含砖块、碎石、灰渣，局部存在少量回填圆砾。

2）新近沉积层 $Q_4^{2+3al+pl}$，包含粉土②层、粉质黏土②$_1$层和粉细砂②$_2$层，层底标高为 16.15~23.62m。其中粉土②层：褐黄色，稍湿~湿，中密~密实，含云母、氧化铁；粉质黏土②$_1$层：褐黄色，可塑，含云母、氧化铁；粉细砂②$_2$层：褐黄色，稍密~中密，含云母、氧化铁。

3）第四纪全新世冲洪积层 $Q_4^{al+pl}$，包含粉土③层、粉质黏土③$_1$层和粉细砂③$_2$层，部分钻孔未穿透该层。其中粉土③层：灰色，稍湿~湿，中密~密实，含有机质；粉质黏土③$_1$层：灰色，可塑~硬塑，含有机质；粉细砂③$_2$层，灰色~黄褐色，湿，中密~密实，含有机质、云母、氧化铁。

4）第四纪晚更新世冲洪积层 $Q_3^{al+pl}$，包含粉质黏土④$_1$层、粉质黏土④$_1$层、粉细砂④$_2$层和中粗砂④$_3$层，部分钻孔未穿透该层。其中粉土④层：褐黄色，中密~密实，含云母、氧化铁；粉质黏土④$_1$层：褐黄色，可塑~硬塑，含云母、氧化铁；粉细砂④$_2$层：褐黄色~灰色，饱和，密实，含云母、氧化铁、有机质；中粗砂④$_3$层：褐黄色，饱和，密实，含云母、氧化铁。

5）第五层包含粉土⑤层、粉质黏土⑤$_1$层和细中砂⑤$_2$层，部分钻孔未穿透该层。其中粉土⑤层：褐黄色，稍湿~湿，密实，含云母、氧化铁；粉质黏土⑤$_1$层：褐黄色，可塑，含云母、氧化铁；细中砂⑤$_2$层：褐黄色，饱和，密实，含云母、氧化铁，局部含砾砂。

**3. 地质构造**

北京位于华北平原的西北部，东经 115°25′~117°30′，北纬 39°26′~41°03′，面积约 16800km$^2$。山区面积约 10400km$^2$，主要位于北京平原的北部及东北部（属燕山山脉）、西部（属太行山山脉），占北京总面积的 62.0%。在大地构造位置上，北京位于近东西向的阴山构造带南缘及其与北北东向的华北断坳、北北东向的山西断隆的接合部位，在漫长的地质历史中，经历了燕山、喜马拉雅及印支等多期构造运动，故构造格局比较复杂。岩层风化破碎严重，发育的裂隙、节理等结构面将岩体切割成不同大小和不规则形状的结构体，严重破坏了岩体的完整性。

北京平原区是三面环山的山前冲洪积倾斜平原。燕山期岩浆活动频繁发生，侵入岩在山区广泛暴露，延伸到平原，隐藏在沉积地层之下，强烈的构造运动导致了北京平原区多处侵入岩体的发育。

北京西北高、东南低，西部为太行山，北部为燕山山脉，山区多为中低山区地形。北京位于华北陆块内，自东南向西北分别为华北凹陷盆地、冀东微陆块、燕山裂陷带和华北北缘隆起带。

北京地区主体地质构造为早第三纪前的断裂及其控制的断块构造,主要有三组断裂带:北北东向主干断裂带,其次为北东向和北西向断裂带。

北京地区的基本地震构造是新生代北京凹陷,发育于北京凹陷的黄庄—高丽营断裂、南口—孙河断裂是晚更新世—全新世活动过的断裂,属潜在的发震构造。在深部构造都有一定的显示,两条断裂在北京凹陷内相交。在第三纪,北京平原已形成"两隆一凹"的构造格局。以八宝山—高丽营断裂和南苑—通州断裂为界,北京平原划分为京西隆起、北京凹陷和大兴隆起三个构造单元。第四纪以来,新构造格局由"两隆一凹"变为"两凹一隆"。原"北京凹陷"隆起,与大兴隆起形成一个块体,沿着良乡顺义断裂向南倾斜。原"京西隆起"因北京西山抬升和八宝山断裂以南地块隆起,形成凹陷区(另一个凹陷区为顺义凹陷),以北东向和北西向断裂为界[36]。

根据北京市地震地质背景资料,拟建道路场地周边有两条断裂带通过,分别是西北侧约4km处的南苑—通州断裂、南端的礼贤—牛堡屯断裂和礼贤—牛堡屯断裂带。

**4. 场地内填土分布**

本场地第四纪冲洪积覆盖层厚度约为150~300m,场地内填土层普遍分布,主要为粉土填土①层、杂填土$①_1$层,一般厚度为0.4~2.2m,为松散~稍密土层,力学性质差异较大,稳定性差。场地内除填土层分布外无湿陷性黄土、膨胀土、风化岩及残积土等特殊性岩土分布。根据拟建场区液化判别结果,浅部土层的粉细砂$②_2$层,在部分路段存在轻微~中等程度的液化。

根据京台高速北京段路基工程勘察报告,场地内填土具体分布如下:

场地表层为人工填筑土层,包括低液限黏土填土层、杂填土层、低液限粉土填土层、含细粒土砂填土层、卵石混合土填土层和级配不良砾填土层,厚度为0.30~2.70m。

人工填筑土层以下为新近沉积层,主要包括低液限黏土层、低液限粉土层、高液限黏土层和粉土质砂层,含细粒土砂层及级配不良砂层,新近沉积层厚度为1~5m。

人工填筑土层或新近沉积层以下为第四纪沉积层,主要包括低液限黏土层、粉土质砂层、级配不良砂层、含细粒土砂层、低液限粉土层、高液限黏土层及低液限黏土层、级配不良砂层、细粒土砂及低液限黏土层。

综上所述,场地挖方范围内粉土、粉砂土分布普遍,且多为松散~稍密土层,力学性质差异较大,稳定性差。现挖方地段表层2~3m为人工填土层,主要为杂填土,其下的路基挖方深度范围内主要分布有局部粉土层和较大面积的粉细砂层和局部的粉质黏土薄层。由于该粉质黏土层零散分布且层数很薄,故暂时忽略不计,实际挖探的结果是在地表下1.5m处即出现了大量的厚粉土层。

**5. 不良地质作用与地质灾害**

本场地位于永定河冲洪积扇的中下部,地貌属于平原区,地形起伏变化不大,无滑坡、泥石流、岩溶及斜坡变形等不良地质作用，主要可能发生的地质灾害为地面沉降、无地裂缝和活动断裂等地质灾害。其中，地面沉降是最重要、最常见的地质灾害，它本质上是一种环境地质现象，是在自然因素和人类活动共同作用下，由于地壳表层土体受到压缩，导致区域性地面标高缓慢下沉的现象。但是在严重的情况下，地质环境系统被破坏的后果，就是将下沉的现象演变为灾害。

北京平原是中国北方典型的山前缓倾斜冲洪积平原，其地面沉降发育受地质构造、地层结构和地下水源地分布等多种因素的影响和制约，具有复杂性和特殊性。从沉降发育的历史来看，北京平原的地面沉降经历了形成阶段（1955—1973 年）、发展阶段（1973—1983 年）、扩张阶段（1983—1999 年）和当前的快速发展阶段（1999 年至今）。目前已形成五个较大的沉降区，为东北郊来广营沉降区、东郊八里庄—大郊亭沉降区、大兴榆垡—礼贤沉降区、昌平沙河—八仙庄沉降区和顺义平各庄沉降区。

拟建线路穿越大兴榆垡—礼贤沉降区中心，截至 2005 年，沉降中心的最大累积沉降量超过 650mm。从 2008 年至 2014 年榆垡地面沉降站长序列的监测数据可以看出，初始（2008—2009 年）沉降主要发生在 2～53m 浅部，沉降贡献率为74.42%。之后，该层位的沉降量逐渐减小，沉降贡献率降至 23.21%。205m 以下和 116～170m 深部地层两层监测层的沉降变化趋势与浅部地层相反，初始沉降贡献率为 10.64%，之后沉降量开始增大，沉降贡献率也上升至 52.46%。从压缩层组的角度来看，第一压缩层和第三压缩层的沉降量相对较大，这与榆垡地区地层是以细颗粒黏土为主的结构特征密切相关。特别是在 50m 以上时，细颗粒黏性土的比例为 83.9%，占比仅为 16.1% 的含水层也由颗粒较细的粉细砂和粉砂组成。在100～200m 的地层中，黏性土的比例也高达 83.3%。受地下水开采深度不断增大的影响，过去 6 年来榆垡地区深部地下水位平均下降速率为 0.82m/年，远大于浅部的 0.25m/年。这是近年来浅部地层沉降逐渐减少和深部地层年沉降逐渐增加的主要原因。

通过对压缩层土体变形特征的分析，自 2008 年以来，浅部地下水反复上升和下降，处于相对稳定的范围，后期有上升趋势，沉降速率由大变小；深部具有呈周期性的往复升降，总体呈下降趋势，沉降速率逐渐增加。在水位反复升降过程中，土体在加卸荷作用下持续快速压缩，发生塑性变形；当水位回升时，土体持续压缩，但存在明显的变形滞后，表明变形不仅包括塑性变形，还包括蠕变变形。

综上所述，以榆垡为代表的南部沉降区的特征为：

1）第一压缩层的总沉降贡献率（42%）大于第二压缩层（21%）和第三压缩层（36%）。

2）受地下水开采层位下降影响，深部地层沉降速率增加，浅部地层沉降速率减小。

3）压缩层中土体的变形特征主要是塑性变形，包括浅层早期的快速压缩和蠕变变形，随着压缩速度减缓和后期的水位回升，深部地层也在一直持续快速地压缩。

## 2.6 水文地质概况

**1. 区域内整体水文地质**

北京市位于华北平原的西北边缘，地势总体西北高，东南低，其中东南部为平原区，该区主要是由五大河系（蓟运河水系、潮白河水系、北运河水系、永定河水系、拒马河水系）联合作用形成的冲积扇群构成。平原区内第四纪沉积物分布广泛，厚度变化很大，从西北向东南，从山前向平原，第四纪的厚度逐渐增加，层次增多，沉积物颗粒逐渐变细。在河流冲洪积扇的中上部和西、北部的山前地带，第四系的厚度为20~40m，为单一的砂、卵砾石层或砂、卵砾石顶部覆盖薄层黏性土。在冲积扇的中下部为冲积平原地区，由于新构造运动的影响，使之接受了数百米厚的沉积物，在沉积凹陷中心最厚处达1000m，岩性也逐渐过渡为黏性土层、砂砾石和砂层相互交错出现。与上述第四纪沉积特征相对应，从西北向东南，北京平原区的含水层逐渐地从单一含水层向多层含水层过渡，在垂直方向上可分为三个主要含水岩组：第一个含水岩组（浅层承压含水层和潜水层）为第四系全新统和上更新统冲洪积物，埋深约25m和80~100m；第二含水岩组（中深层承压含水）为第四系中更新统，含水层为多层结构，岩性以中粗砂为主，部分含砾，底板埋深300m左右；第三含水岩组（深层承压含水层）为第四系下更新统，为多层结构，以中粗砂、砾石为主，底面为第四系基底[37]。

北京平原地区地下水类型按地下水的赋存条件主要分为基岩裂隙水和第四纪松散岩类孔隙水。基岩裂隙水主要赋存于区内页岩、白云岩、花岗岩等风化裂隙、构造裂隙中，其深度达40m，由于岩石节理裂隙等破裂结构面发育程度一般，岩层的储水条件较差，含水渗透性较小。松散岩类孔隙水又分为上层滞水、潜水和承压水，主要分布于沟谷及低洼地中，多为冲积、洪积砂土、砾石层，含水层厚度1~4m不等，多小于2.5~3m，单位涌水量为0.4~3.0L/s·m。雨季赋存水量较多，旱季水量明显减少，水质类型为$HCO_3^-$、$Mg^{2+}$，矿化度小于0.2g/L。

**2. 新建线路段水文地质**

京台高速公路（北京段）位于大兴境内，处于永定河冲积平原、永定河水系，自北向南主要经过或跨越凉凤灌渠、北野场灌渠、新凤河、大龙河、旱河、小龙河、田营沟、李营沟等河渠。其中大龙河处于大兴区中部，宽约28m、全长23km、河水水位标高25.20m，始于黄村南铁道口闸，由西北向东南方向流经大兴区的4个乡镇，一直到白塔村东与小龙河汇合，流域面积为68.85km$^2$，为大兴区主要排灌河道。小龙河宽约33m，河水水位标高21.63m，起点在丰台区仁家庄，经大泡子村，在树桥村进入大兴区后汇入凉水河，河流总长度约7km，流域面积超过30km$^2$。

（1）地下水分布状况　根据古河道和古河间地块可划分若干水文地质单元。其中古河道水文地质单元的特点是含水层岩性以圆砾、卵石为主，渗透性强，地下水位较低。地下水的形成以沿古河道方向的侧向补给、径流、排泄为主，总体径流方向为自永定河出山口呈辐射状，分别向东北、东、东南等下游方向运动。在古河道范围内具有区域性统一的潜水面，局部受地下水开采或工程降水的影响，地下水位略有起伏变化。在河间地块水文地质单元的特点是含水层的岩性以粉细砂和粉土为主，渗透性较差。隔水层岩性为粉质黏土、黏土，含水层与隔水层之间呈互层状分布，除了地下水的侧向补给、径流和排泄以外，垂直方向运动较明显。根据地下水分布特点将全线划分为水文地质Ⅰ单元和水文地质Ⅱ单元。

1）水文地质Ⅰ单元（ZK13+000~ZK20+547）内共发现两层地下水，类型为潜水（二）和层间水（三）。其中潜水（二）水位埋深为2.40~6.54m，水位标高为19.19~24.48m，含水层为粉土②层、粉细砂②$_2$层、粉土③层、粉细砂③$_2$层，主要接受侧向径流及越流补给，以侧向径流方式排泄；层间水（三）水位埋深为16.20~18.30m，水位标高为5.75~11.72m，含水层为粉土④层、粉细砂④$_2$层、中粗砂④$_3$层、粉土⑤层和细中砂⑤$_2$层主要接受侧向径流及越流补给，以侧向径流方式排泄。勘察未发现上层滞水，但由于大气降水、管道渗漏等原因，不排除局部存在上层滞水的可能性。

2）水文地质Ⅱ单元（ZK20+547~ZK27+200）内发现一层地下水，类型为层间水（三），水位埋深为18.70m，水位标高为3.40m，含水层为粉土④层、粉细砂④$_2$层、中粗砂④$_3$层、粉土⑤层和细中砂⑤$_2$层，主要接受侧向径流及越流补给，以侧向径流方式排泄。

（2）地下水位动态变化规律　工程场区潜水天然动态类型属于渗入—蒸发—径流型，主要接受大气降水入渗、地下水侧向径流及管道渗漏等方式补给，以蒸发及地下水侧向径流为主要排泄方式。其水位年动态变化规律一般为6~9月份水位较高，其他月份水位相对较低，其水位年变幅一般为1~3m。

工程场区层间水天然动态类型属渗入—径流型，主要接受地下水侧向径流及越流方式补给，以地下水侧向径流及越流为主要排泄方式，其水位年变幅一般为1~3m。

（3）历年最高水位调查　沿线历年最高水位，1959年地下水埋深在自然地面下0.50~2.00m左右，丰水期或雨季可接近自然地。1971—1973年为26.5~20.0m（由北向南）；近3~5年最高水位为25.0~24.0m（水文地质1单元），10.0~5.0m（水文地质2单元）。

## 2.7　气候特征

新建线路位于北京市大兴区，属暖温带半湿润季风大陆性气候区，四季分明。全年日照时数为2772h，年平均气温11.5℃，其中6～8月气温最高，最高气温40.6℃，平均25.7℃，冬季最低气温-17.5℃。无霜期适宜，全年无霜期为290天。根据历年气象水文资料统计，大兴区内多年平均降水量约为568.9mm，降雨时间分布不均，60%的雨量集中于6～8月。季风较多，常年主导风向为西南、东北风。

## 2.8 研究目的、意义与应用前景

### 1. 研究目的、意义

粉土在高速公路工程中的应用研究尚处于起步阶段，无论是固化剂的研究，还是压实工艺的研究等均不够成熟，并且应用研究多是从单个工程的具体工艺展开。而高速公路路基工程占有较大工程比例，路基的稳定性直接关系到运营的安全和养护工作量。当高速公路沿线土体不能作为路基填料使用时，所需的大量外购土方无疑是工程建设中的巨大投资，若土方供应不及时，将直接影响工期。工程实践证明，通过采用一定的改良工艺、选用高效的压实机械并进行合理的压实控制，粉土是可以达到路基填筑要求的，这将使高速公路工程沿线的粉土变废为宝，方便就地取材，对道路工程建设意义重大。此外，填土的高质量压实是实现路基稳定、满足强度要求和达到使用寿命的基本保证，路基压实与否除与土质有很大关系外，很大程度上还取决于采用适用的施工方法以及选择合理有效的压实机械。

在国内粉土固化剂、压实理论与实践都相对缺乏的背景下，本书以京台高速公路建设为依托，以粉土的基本工程特性为立足点，以该类土在高速公路中的成功应用和技术推广为目标，通过添加固化剂或改良施工工艺的方法，对粉土展开固化技术、压实理论及压实工艺方面的研究。研究结果对高速公路建设成本的降低和建设过程中的节能减排，具有重要意义，会产生良好的经济效益、环境效益和社会效益，同时也为类似土质条件下，路基工程施工、设计提供参考和借鉴。

### 2. 应用前景

（1）进一步完善行业规范，促进施工工艺的标准化　《公路路基施工技术规范》目前尚未明确规定有采用粉土填筑高等级公路路基的条文，尽管许多施工单位已做了大量这方面的工作，但尚未形成成套标准的施工工艺，在进行路基修筑施工质量控制时依然存在着较多的困难。近年来，伴随着高性能筑路机械和不同稳定剂材料的广泛使用，为粉土作为路基填筑料的使用和推广提供了基本条件。目前很多高速公路路基也开始采用这种材料，如河南商开高速、鹤濮高速、郑少高速等，湖南衡炎高速等，江苏盐通高速等，山东滨大路、青银高速等。位于地中海南岸的利比亚，全国90%以上地区为撒哈拉沙漠覆盖区，粉砂含量极高，但该国的主要交通方式为公路或高速公路，且多用砂土或粉土填筑，且工程质量良好。本研究的开展，将为上述条文的修订提供强大的技术支撑，扩大粉土在路基工程中的使用范围，促进粉土路基施工工艺标准化的形成。

（2）降低高速公路建设成本　分析评价粉土固化剂改良效果，提出合理的固化剂类型及其掺入比，尽可能做到就地取材，降低高速公路的建设成本。针对特定固化方案提出具体的施工工艺，为同类土在高速公路中可使用范围的拓展提供一定的指导及借鉴，避免盲目施工，确保施工效果。

（3）节能减排经济效益显著　就地取材的实现减少了土方的长距离运输，避免了扬尘、汽车尾气、运输噪声等对环境的影响，节能减排经济效益显著。

# 第3章

# 粉土填料物理力学性质及路用性能评价

在我国，粉土广泛分布于冲积平原、河流三角洲、沿海平原地区，液限值小、塑性指数低。粉土黏性差，干燥时没有胶结，干燥的土块可以被手轻轻压碎，潮湿时处于流动的溶解状态，此时将土摇动、搓捻可使土球变成饼状，但不能搓成细土条。主要原因在于粉土中含有很多的粉粒，虽然在干燥时它具有轻微的黏性，但易被压碎，遇水时很快被浸湿，容易变成流体状态。粉土级配不良、强度低、CBR值不易达到工程设计要求，毛细水上升高度大，在季节性冻结区域的路基中易产生水分集聚，导致严重的冬季冻胀和春季的融沉、翻浆。粉土是一种工程性质较差的筑路材料，在高速公路路基中使用，必须对其进行改良，改良之前首先要获得粉土基本的物理力学性质指标。

## 3.1 路基土物理力学性质测定相关试验

### 3.1.1 含水量试验

土的含水量是指土中水的质量与土粒质量之比。土的含水量表明了土样的含水状况，它是计算土样孔隙比以及其他物理力学性质的一个基本指标。测量方法有烘干法、酒精燃烧法。

烘干法是室内试验的标准方法，其试验的方法是使土样在105~110℃下烘干至恒重，含水量即所失去水分质量与烘干土质量的比值，以百分数表示。烘干法适用于黏性土、砂土和含有机质土类。

**1. 主要仪器设备**

1) 电热烘箱，应能使温度控制在105~110℃。

2) 电子天平，称量200g，最小分度值为0.01g；称量1000g，最小分度值为0.1g。

3）其他，如干燥器，铝盒等。

**2. 操作步骤**

1）先称空铝盒的质量，准确至 0.01g。

2）取代表性试样（细粒土或环刀中的试样）15~30g，放入称量铝盒内，并立即盖好盒盖，用电子天平称铝盒加试样的质量，也可在普通天平一端放上与称量盒等质量的砝码，移动天平游码，达到平衡后的称量结果即为湿土质量，准确至在 0.01g。

3）打开盒盖，将盒盖套在盒底下，一起放入烘箱内，在 105~110℃下烘至恒量。烘干时间：黏土、粉土不得少于 8h，砂性土不得少于 6h。对于有机质超过 5%的土，应将温度控制在 65~70℃的恒温下烘至恒重。

4）将烘干的试样与铝盒取出，盖好盒盖，放入干燥器内冷却至室温（一般只需要 0.5~1h 即可），冷却后盖好盒盖，称量盒加干土的质量，准确至 0.01g。

**3. 计算公式**

$$\omega = \frac{m_w}{m_s} \times 100\% = \frac{m_1 - m_2}{m_2 - m_0} \times 100\% \tag{3-1}$$

式中　$\omega$——土的含水量（%）；

$m_w$——试样中水的质量，$m_w = m_1 - m_2$（g）；

$m_s$——试样土粒的质量，$m_s = m_2 - m_0$（g）；

$m_1$——称量盒加湿土的质量（g）；

$m_2$——称量盒加干土的质量（g）；

$m_0$——称量盒的质量（g）。

为保证试验的精度，试验过程中还要注意以下几点：刚烘干的土样要冷却后称重，对土样进行称重时要精确到小数点后两位。试验要进行两次或两次以上平行测定，取结果的算数平均值，其平行差值应符合相关规定。

### 3.1.2 颗粒分析试验

土颗粒的大小和粒径组成是对土进行分类的重要依据，土颗粒的大小不同，土的性质就会不同。颗粒级配分析是对土中各个粒组的质量占该土总质量的百分比的测定。进行颗粒级配分析还可以得到土的粒径情况，进而可以粗略判断土的工程性质。试验方法有筛分法、密度计法和移液管法。对粒径 0.075mm 以上土样用筛分法，对粒径 0.075mm 以下的土样用密度计法，对整体土样可采用筛分法和密度计法联合测定。

**1. 筛分法**

（1）主要仪器设备

1）分析筛。粗筛，孔径为 60mm、40mm、20mm、10mm、5mm、2mm；细筛，孔径为 2.0mm、1.0mm、0.5mm、0.25mm、0.075mm。

2）天平。称量 5000g，最小分度值为 1g；称量 1000g，最小分度值为 0.1g；称量 200g，最小分度值为 0.01g。

3）振筛机。筛分过程中应能上下振动。

4）其他。烘箱、研体、瓷盘、毛刷等。

（2）操作步骤　按照表 3-1 的规定称取试样质量，应准确至 0.1g，当试样质量超过 500g 时，应准确至 1g。

表 3-1　取样数量

| 颗粒尺寸/mm | <2 | <10 | <20 | <40 | <60 |
| --- | --- | --- | --- | --- | --- |
| 取样质量/g | 100~300 | 300~1000 | 1000~2000 | 2000~4000 | 4000 以上 |

将试样通过 2mm 筛，称筛上和筛下的试样质量，当筛下的试样质量小于总质量的 10% 时，不做细筛分析。当筛上的试样质量小于总质量的 10% 时，不做粗筛分析。

取筛上的试样倒入依次叠好的粗筛中，筛下的试样倒入依次叠好的细筛中，进行筛分析。细筛宜置于振筛机上振筛，振筛时间宜为 10~15min。再按照由上而下的顺序将各筛取下，称各级筛上及盘内试样的质量，应准确至 0.1g。

当试样含有细粒土颗粒的砂土时，应将试样置于盛水的容器中充分搅拌，使试样的粗细颗粒完全分离；将容器中的试样悬液通过 2mm 筛，取筛上试样烘干至恒重，称烘干试样质量，应准确至 0.1g，按照前述方法进行粗筛分析；取筛下的试样悬液，用带橡皮头的研杵研磨，再过 0.075mm 筛，取筛上试样烘干至恒重，称烘干试样质量，应准确至 0.1g，按照前述方法进行细筛分析；当粒径小于 0.075mm 的试样质量大于试样总质量的 10% 时，应测定小于 0.075mm 的颗粒组成。

**2. 密度计法**

（1）主要仪器设备

1）密度计：甲种密度计的刻度为 $-5°$~$50°$，最小分度值为 $0.5°$；乙种密度计的刻度为 $0.995°$~$1.020°$，最小分度值为 $0.0002°$。

2）量筒：内径约为 60mm，容积为 1000mL，刻度 0~1000mL，准确至 10mL。

3）洗筛：孔径为 0.075mm。

4）洗筛漏斗：上口直径大于洗筛直径，下口直径略小于量筒内径。

5）天平：称量 1000g，最小分度值为 0.1g；称量 200g，最小分度值为 0.01g。

6）搅拌器：轮径 50mm，孔径 3mm，杆长 450mm，带螺旋叶。

7）煮沸设备：附冷凝管装置。

8）温度计：刻度为 0~50℃，最小分度值为 0.5℃。

9）试剂：4% 六偏磷酸钠溶液，5% 酸性硝酸银溶液，5% 酸性氯化钡溶液。

10）其他：烘箱、锥形瓶、研体、木杵、电导率仪等。

(2) 操作步骤　试验宜采用风干试样，当试样中易溶盐含量大于0.5%时，应进行洗盐处理，易溶盐含量的检验方法可用导电法或目测法。

1) 称取代表性风干试样200~300g，过2mm筛，求出筛上的试样质量占总质量的百分比，取筛下土测定试样风干含水量。

2) 称取干土质量为30g的风干试样。30g干土质量的风干试样质量按照式(3-2)和式(3-3)计算。

当易溶盐含量小于1%时

$$m_0 = 30 \times (1 + 0.01\omega_0) \qquad (3-2)$$

当易溶盐含量大于或等于1%时

$$m_0 = \frac{30 \times (1 + 0.01\omega_0)}{1 - 0.01W} \qquad (3-3)$$

式中　$\omega_0$——试样风干含水量（%）；

　　　$W$——易溶盐含量（%）。

3) 将风干试样或洗盐后在滤纸上的试样倒入500mL锥形瓶，注入200mL纯水，浸泡过夜，然后置于煮沸设备上煮沸，煮沸时间宜为40min。

4) 将冷却后的悬液移入烧杯，静置1min，通过洗筛漏斗将上部悬液过0.075mm筛，遗留瓶底沉淀物用带橡皮头的研杵研散，再加适量水搅拌，静置1min，再将上部悬液过0.075mm筛，如此反复清洗，直至杯底砂粒洗净，将筛上和杯中砂粒合并洗入到蒸发皿中，倾去清水，烘干，称烘干试样质量，按照筛分法进行细筛分析。

5) 将过筛悬液倒入量筒，加入4%六偏磷酸钠溶液10mL，再注入纯水至1000mL。

6) 将搅拌器放入量筒中，沿悬液上下搅拌1min，取出搅拌器，立即开动秒表，将密度计放入悬液中，测记0.5min、1min、2min、5min、15min、30min、60min、120min、240min时的密度计读数。每次读数均应该在预定的时间前10~20s，将密度计小心放入悬液中，保持密度计浮泡处在量筒中心，不得贴近量筒内壁。

密度计读数均以弯液面上缘为准。甲种密度计应准确至0.5，乙种密度计应准确至0.0002。每次读数后，应取出密度计放入盛有纯水的量筒中，并测定相应的悬液温度，准确至0.5℃，放入或取出密度计时，应轻放，不能扰动悬液。

### 3.1.3　界限含水量试验

对于黏性土来说，稠度是它的主要物理状态特征，表征了土体对外力引起的变形或者破坏的抵抗能力。当土体受到外力作用变成任意的形状而不破裂，外力消失后仍然能够保持改变后的形状，这种状态称为塑态，土的这种性质称为塑性。弱结合水的存在是土体具有可塑性的原因。

由于含水量不同，土体分别处于固体状态、半固体状态、可塑状态和流动状态。黏性土从某一状态到另一状态的分界含水量称为稠度界限，它包括液性界限、塑性界限和缩限。液性界限是土从塑性状态变成液限状态时的含水量。塑性界限是土从半固态变成塑性状态时的含水量。塑性指数等于液限和塑限之差，它是细粒土工程分类的重要依据。

界限含水量试验方法包括碟式液限仪试验、滚搓法塑性试验和液塑限联合测定法三种，此处仅介绍较为常用的液塑限联合测定法。

（1）仪器设备

1）液塑限联合测定仪。

2）天平。称量200g，最小分度值为0.01g。

3）其他。烘箱，干燥器，调土刀，不锈钢环，凡士林，称量盒，孔径0.5mm的筛等。

（2）操作步骤

1）本试验宜采用天然含水量试样，当土样不均匀时，采用风干试样；当试样中含有粒径大于0.5mm的土粒和杂物时，应过0.5mm筛。

2）当采用天然含水量土样时，取代表性土样250g；当采用风干试样时，取0.5mm筛下的代表性土样200g，分成3份分别放入3个盛土皿中，加入不同量的纯水，使分别接近液塑限和二者中间状态的含水量，调成均匀膏状，放入调土皿，浸润过夜。

3）将制备的试样均匀充分搅拌均匀，填入试样杯，试样中不留空隙，对较干试样，充分搓揉，密实的填入试样杯中，填满后刮平表面。

4）将试样杯放在液塑限联合测定仪的升降座上，在圆锥上抹上一薄层凡士林，接通液塑限联合测定仪的电源，使电磁铁吸住圆锥。

5）调节零点，将屏幕上的标尺调在零位，调整升降座，使圆锥尖接触试样表面，指示灯亮时圆锥在自重下沉入试样。经5s后测读圆锥的下沉深度，取出试样杯，挖去锥尖入土处凡士林，取锥尖附近不少于10g，放入称量盒内，测定含水量。

6）按照3）~5）的步骤分别测试其余2个试样的圆锥下沉深度及相应的含水量。

采用液塑限联合测定法，进行试验时应注意以下几项：液塑限联合测定应该不少于3点，圆锥入土的深度最好为3~4mm、7~9mm、15~17mm；将试验土样分层装入到土样杯中时，在土中不能留有空隙；每种含水量下设置三个测点，取其平均值作为该含水量下所对应的圆锥入土深度，如果圆锥的下沉深度有较大的差别，需要重新调试土样进行试验。

绘制含水量-圆锥下沉深度曲线，其上2mm处对应的含水量为该土样的塑限，10mm处所对应的含水量定为该土样的液限。

## 3.1.4 击实试验

在工程项目中,经常会遇到压实填土,如建筑基础回填压实、道路路基回填压实等。压实是在外界荷载的重复作用下,土中颗粒重新排列、固体密度增加、气体体积减小的过程。当外力作用在土样上时,发生压缩变形,当外力消失时,土体出现部分回弹。因此,土体的压实过程既不是固结过程也不是一般的压缩过程,而是在不排水条件下重构颗粒和颗粒群的过程。

土体在开挖、运输过程中受到了扰动,原状结构遭到一定程度的破坏,致使其性质和原状土相比有所不同。将上述土体回填后,未经压实前,土中孔隙较多,土体强度较低,极易被压缩。因此填土在未经压实前是不能作为土工构筑物或建筑物地基来使用的,必须按照一定的方法步骤以压实,达到工程所要求的压实标准。在实验室中,土的击实试验就是使用标准的击实仪器和试验方法,测出扰动土的最大干密度和最优含水量,以了解土的压实特性,为设计和施工碾压提供准确资料。

**1. 试验方法**

击实试验是将某一含水量下的土样装入击实筒内,再用击锤按照规定的下落距离对土样进行一定数量的锤击,测其土样此时的含水量与干密度。进行相同击实功、不同含水量下土样的击实,绘制含水量和干密度关系曲线,以此来确定土样的最佳含水量和最大干密度。

(1) 试验类型 常用的试验方法有轻型击实试验和重型击实试验两种。轻型击实试验采用 2.5kg 的锤,击锤落距 300mm,分 3 层击实,每层 27 击,所施加的单位体积击实功约为 598.2kJ/m³;重型击实试验采用 4.5kg 的锤,击锤落距 450mm,若分 5 层击实,每层 27 击,若分 3 层击实,每层 98 击,所施加的单位体积击实功约为 2677.2kJ/m³。轻型击实试验适用于粒径小于 5mm 的黏性土;重型击实试验适用于粒径不大于 20mm 的土,采用 3 层击实时,最大粒径不大于 40mm。

(2) 试样制备 试验采用干法制备试样,步骤如下:称取代表性的风干土样,对于轻型击实试验为 20kg,对于重型击实试验为 50kg。将风干土样用碾土器碾散后,过 5mm 筛(轻型击实试验),或过 20mm 筛,如采用 3 层击实,则过 40mm 筛(重型击实试验)。将筛下的土样拌匀,并测定土样的风干含水量。根据土样的塑限预估最优含水量,加水湿润制备不少于 5 个含水量的试验。含水量依次相差 2%,且其中有 2 个含水量大于塑限、2 个含水量小于塑限、1 个含水量接近塑限。按式 (3-4) 计算制备样品所需的水量[38]。

$$m_w = \frac{m_0}{1+0.01\omega_0} \times 0.01(\omega - \omega_0) \tag{3-4}$$

式中 $m_w$——所需的加水量(g);

$\omega_0$——风干含水量(%);

$m_0$——风干含水量时土样的质量(g);

$\omega$——土样要求达到的含水量（%）。

将试样 2.5kg（轻型击实试验）或 5.0kg（重型击实试验）平铺于不吸水的盛土盘内，按照预定含水量，用喷水设备往土样上均匀喷洒所需的加水量，拌匀并装入塑料袋内或密封于保湿器内，静置备用。

（3）试样击实　将击实仪平稳地置于刚性基础上，击实筒与底座连接好，安装好护筒，在击实筒内壁均匀地涂一层润滑油。检查仪器各部件及配套设备的性能是否正常，并做记录。从制备好的一份试样中称取一定量土料，对于分 3 层击实的轻型击实，每层土料的质量为 600~800g，倒入击实筒内，并将土面整平，每层 27 击，分层击实。对于分 5 层击实的重型击，每层土料的质量宜为 900~1100g，每层 27 击。若分 3 层，每层需土料质量 1700g 左右，每层 98 击。

试样击实完毕后，首先用修土刀沿护筒内壁进行削挖，扭动并取下护筒；再沿击实筒顶面细心修平试样，拆除底板。若试样底面超出筒外，应修平。擦净筒外壁，称筒与试样的总质量，准确至 1.0g，并计算试样的湿密度。

用推土器从击实筒内推出试样，从试样中心处取下两个代表性试样，测定含水量，两个含水量的差值应不大于 1%。按上述步骤对其他含水量的试样进行击实试验。

试样的干密度按下式计算

$$\rho_d = \frac{\rho}{1+0.001\omega} \tag{3-5}$$

式中　$\rho_d$——试样的干密度（g/cm³）；

　　　$\rho$——某点试样的湿密度（g/cm³）；

　　　$\omega$——某点试样的含水量（%）。

绘制干密度 $\rho_d$ 与含水量 $\omega$ 的关系曲线，并取曲线峰值点相应的纵坐标为击实试样的最大干密度，相应的横坐标为击实试样的最优含水量。当关系曲线不能绘出峰值点时，应进行补点。土样不宜反复使用。

**2. 压实试验的影响因素**

（1）土类的影响　不同的土类有不同的最优含水量和最大干密度，如细粒土中，粉土的最优含水量最小，黏土最大，粉质黏土居中；而最大干密度则表现出了相反的趋势，粉土最大干密度最高，黏土最小，粉质黏土居中；其原因与土的粒径有关，土粒直径越小，所获得的水膜越厚，因此具有较大的含水量；黏粒成分越多，土的密度越小，最大干密度也越小。此外，对于砂土、黏土等土类，试验所得的击实曲线往往表现出单峰值，且多位于塑限附近的±(2%~3%) 的范围，但对于粉土往往表现出多峰值的特点，规律有所不同。

（2）土粒级配的影响　不同级配的土样，其压实效果不同。对于级配良好的土样，由于土颗粒粒组相对均匀，土体结构松散，锤击可以有效地实现土样的压实，保证了试验结果。但对于级配较差的土样，由于土样粒组不均匀，存在部分粒组缺失,即土体大孔隙中间缺少小颗粒的填充,导致压实困难,影响试验测试基本参数的获取。

此外,在实际工程中,超大颗粒对压实质量有着很大的影响,因此需要对超级粒径的规格进行限制,并通过调整颗粒尺寸来实现规定的压实效果。如果超级粒径超过确定的范围,则需要调整和校正目标数据;如果更正了数据,仍旧与理想数据存在一定的差异,导致试验结果存在误差,需要重新进行采样,使获得的数据具有良好的代表性,以提高试验质量。

(3)土样含水量的影响 土样中的含水量过大或过小均无法达到最大干密度。含水量太小时,土中基本上只有强结合水,强结合水膜太薄,而颗粒之间存在摩擦阻力和重力,缺乏水的润滑作用,土壤颗粒不易移动,这使得土样难以达到紧凑状态,干密度也会较小。当含水量过大时,土壤中的自由水将占据一定的空间,土不易致密。只有当土样为最佳含水量时,土中有一定的弱结合水膜,可以发挥一定的润滑作用,从而提高土样的压实效果,达到最大的干密度。对细粒土而言,在低含水量下不易压实,当含水量逐渐增加时,颗粒的表面摩擦力相应减小,因此容易被外力压实,但水量的持续增加会增加土壤的孔隙体积并相应地降低干密度。

(4)土样残留高度的影响 压实后残留土的高度是指土壤超过压实圆筒的高度,当残留土壤高度为零时,将土壤的干密度和含水量作为变量,并且获得的关系曲线是标准压实试验曲线。由于人为因素的影响,往往会有一些残留土壤,如果残余土壤高度过大,将会导致测试的干密度值偏小,试样没有达到要求的压实效果;还可能使击实曲线上的干密度出现多个峰值,实际试验结果出现误差。因此,建议当压实完成时,残留土样高度应小于6mm,这样可在一定程度上将干密度误差(基于残留土壤高度为0时的干密度)控制在允许误差范围内[39]。若将该结果用于实际工程,因为施工现场更复杂,小的室内试验误差可能会导致现场中的较大误差。因此,有必要对现场工程进行随时监测,及时了解土样的实际变化,对新发现的不同土样进行重新压实,并调整标准,以保证最终检测值控制在允许误差范围内。

(5)锤击数量的影响 锤击数量的多少直接决定了压实功的大小,与土样最大干密度和含水量密切相关。一般情况下,锤击数量与干密度和锤击数量是正相关的,和最佳含水量是负相关的。锤击数量的多少与实际工程中需采用重型还是轻型击实试验有关。此外,当确定了锤击数量,即压实功一定的情况下,必须注意锤击的基本参数,使每个锤子能够保持均匀的工作,从而可以有效地控制每一击的锤击质量,使得试验获得准确的试验数据,减少误差。

(6)土样和试样筒之间摩擦的影响 土样和试样筒的内壁之间会有一定的摩擦力,在击实试验中,要尽可能克服这种摩擦力。此外,土样的含水量也会直接影响土样和试样筒之间摩擦力的大小,水自身具有一定的润滑功能,土样的含水量较大时,摩擦力较小,含水量较小时,摩擦力较大。为了减少摩擦的影响程度,在进行试验的过程当中可以在试样筒的内壁涂抹薄层凡士林润滑剂,这将在很大程度上减小土样和试样筒间的摩擦力,从而大大增加了击实功,保证试验的测试精度[40]。

(7) 土样制备方法的影响　土样制备方法的不同,会使击实试验结果有所不同。一般来说,试验得到的最大干密度,在使用烘干土时最大,使用风干土时次之,天然土最小。最优含水量也会因为所使用的土样制备方法的不同而不同,使用烘干土最低。

土样的制备一般分为干法和湿法两种,干法主要是使样品自然风干,或使试样在较低温度下干燥,然后过筛;湿法是通过筛子筛取样品,含水量较高的土不经过这个过程。相关试验表明,含水量较高的土,通过干法获得的干密度大于湿法获得的干密度,最佳含水量相对较小。原因在于,当土中含水量稍高,不可能重新组合土的大部分原始结构,在实际施工中不能实现实际的空气干燥,导致干密度大、含水量小。然而,对于含水量低的土,它更容易压碎,并且使用任何方法的试验没有显著差异。因此,含水量高的土壤更适合使用湿法测试;若采用干法,尽管直接改善了土的压实标准,但在实际施工过程中很难达到这一点,会导致检验达不到标准,最终增加了施工成本。

(8) 土样重复利用的影响　土样的多次重复使用,也会对最大干密度、最优含水量、强度指标等有所影响,其中对最大干密度的影响最大。其原因是土样中的部分土颗粒由于反复击实而破碎,土层结构得到改善、粒径变细、表面积增大,从而改变了土样的级配。压实能量越大,最大干密度的差异也越大。另外压实试验后的土壤样品更难分散,要使其恢复到试样前的松散状态非常困难。因此,土样一般不能重复使用,必须使用新土进行测试。但是,在获取新土样本很困难或成本很高时,土样品可以在去除容易破碎的土样品后重复使用。

### 3. 压实试验的注意事项

(1) 土样中水的控制　土样的制备,均匀和准确的水量控制是确保压实试验中数据准确的最关键因素。一般试验加水方法有容量控制法和称重控制法,称重控制法优于容量控制法。称重控制法即在测试中称量计算出水后,将其均匀地喷洒在土样品中,再将其装入薄膜袋或密闭容器中,并置于阴凉处予以保湿并设定时间,一般在 12~24 h 内[41]。

(2) 测试结果的准确性要求　击实试验提供的数据,是控制、指导和评估现场施工质量的依据。通过压实试验,可以模拟特定的现场施工环境,以确定土的最大干密度和最佳含水量,最终的测试结果可以直接影响整个项目的质量和成本。以最大干密度为例,若最大干密度太小,会影响施工质量,压实不符合设计要求,最大干密度过大又会增加施工成本。因此,试验应严格按照标准进行,以保证试验结果的质量,为设计提供准确可靠的压实试验参数,以保证工程施工质量和成本控制。

（3）土样的代表性要求　为了获得准确的土工特性，有必要对现场采样进行科学控制，采集的土样应具有代表性。否则，不能有效保证试验数据的准确性和可靠性，填土的质量无法控制。因此，当对同一批土料堆进行取样时，要求在堆的顶部、中部和底部的几个不同部位取样。将土样混合后，再按照四分法将它们均分，且所需的土样总量必须使得采集的样品代表土料批次的条件和质量。

## 3.1.5　直接剪切试验

粉土的力学性能除取决于颗粒级配、粒度成分、含水量大小外，也与其矿物成分组成、成因类型、沉积年代、空间分布和所处地理历史环境等密切相关。但总的来说，粉土的成型质量较差，黏聚力低、保水性差、渗透性好，路基压实施工工艺和过程控制困难。

土的抗剪强度是土的重要力学指标，表征土体抵抗外荷载剪切破坏的能力。当土中某一点的剪应力达到抗剪强度时，土体将沿剪应力的方向产生相对滑移，土体中出现剪切破坏。土的强度主要是由颗粒间的相互作用力决定的，而不是由颗粒矿物的强度决定的，正是由于这一特点，土的破坏主要形式是剪切破坏。在通常情况下，土体是否达到剪切破坏，不但取决于土体自身的基本性质，如土的组成、状态和结构，还与当前土所受的应力状态密切相关。

土的抗剪强度主要是由于颗粒间的摩擦力和黏聚力组成，固体颗粒与液、气间的相互作用对土的强度有一定影响，但由于这种相互作用测试和理论分析比较困难，往往忽略不计。不同土类的抗剪强度不同，砂土黏聚力很小，其剪切强度主要取决于颗粒之间的内部摩擦；黏性土的抗剪强度则受内摩擦角和黏聚力共同影响；粉土的黏聚力介于砂土和黏土之间，且更接近于砂土的性质，故其剪切强度主要受内摩擦的影响，黏聚力也起一定的作用。

在实际工程实践中与土体抗剪强度有关的问题大致可分为以下三类：

1) 土体构筑物自身的稳定问题，如路基边坡稳定性。

2) 土体作为工程结构时引起的环境问题，如土压力问题、路基边坡和挡土墙的破坏问题，对周围环境产生影响，如较大的侧向土压力导致的路基的坍塌和倾覆。

3) 土用作地基时的问题，在这种情况下多产生剪切破坏，直接影响上部建筑的正常使用。

土的抗剪强度多通过室内试验和现场试验确定，室内试验方法有直剪试验、无侧限压缩试验和三轴剪切试验等，现场试验主要包括十字板剪切试验等，不同的试验仪器和方法对土样的抗剪强度值有较大影响。在室内剪切试验时，在竖向压力作用下粉土比黏性土更容易排水固结，快剪的内部应力接近慢剪的有效应力，因此得到的黏聚力偏小，内摩擦角偏大。同时，粉粒的含量对粉土的弹性模量和强度也有很大影响。

本次采用直剪试验，它是一种较早使用的、测量土体抗剪强度的试验方法。因具有试验设备简单、操作方便、试样体积小、制样快、所需试验时间短的优点，直剪试验在我国工程界应用比较广泛，积累了大量的数据资料和经验，具有很大的实用价值。

（1）试验仪器　直接剪切试验是测定土体抗剪强度指标的室内试验方法，它可直接测定出给定剪切面上土的抗剪强度。它所使用的仪器称为直接剪切仪或直剪仪，分为应变控制式和应力控制式两种。前者对试样采用等速剪应变测定相应的剪应力，后者则是对试样分级施加剪应力测定相应的剪切位移。我国普遍采用应变控制式直剪仪。图3-1所示为直剪仪仪器图。

a)　　　　　　　　　　　　　　b)

图3-1　直剪仪

直接剪切试验所用的直剪仪的主要部分是剪切盒，剪切盒分为上盒、下盒，其中剪切上盒是通过量力环固定在仪器架上，下盒放在能够沿着滚珠槽滑动的底盘上。

试样通常是块厚20mm的圆饼，用环刀切出，试验时将土饼推入剪切盒中，试样上盒、下盒各放一块透水石以利于试样排水。

（2）试验过程　试验时，首先通过加荷架对试样施加竖向压力 $F_n$，然后通过推进螺杆推动下盒，将水平推力 $F_s$ 由等速前进的轮轴施加于下盒，使试样在上盒、下盒的接触面处，接受剪切，即在该接触面产生剪切位移。

总剪力 $F_s$（水平推力）由量力环测定，剪切变形由百分表测定。在施加每一种法向应力后（$\sigma = \dfrac{F_n}{A}$，$A$ 为试件面积），逐级增加剪切面上的剪应力 $\tau\left(\tau = \dfrac{F_s}{A}\right)$，直至试件破坏。

将试验结果绘制成剪应力 $\tau$ 和剪应变 $\varepsilon$ 的关系曲线。一般将曲线的峰值作为该法向应力 $\sigma$ 下相应的抗剪强度 $\tau_f$，必要时也可取终值作为抗剪强度。

采用不同的法向应力，测出相应的几个抗剪强度 $\tau$。在 $\sigma$-$\tau$ 坐标上绘制 $\sigma$-$\tau_f$ 曲线，即为土的抗剪强度曲线，也就是莫尔-库伦破坏包线。

(3) 试验优缺点

1) 优点：直剪仪构造简单、操作简便、制样方便，试样小、容易获得，试验过程短，时间快，并符合某些特定条件。

2) 缺点主要包括以下几方面：剪切过程中试样内的剪应变和剪应力分布不均匀。试样剪切破坏时，靠近剪力盒边缘处的应变最大，试样中部的应变相对小得多；剪切面附近的应变大于试样顶部和底部的应变。基于同样的原因，试样中的剪应力也是很不均匀的。剪切面人为地限制在上、下盒接触面上，而该平面并非是试样的抗剪能力最弱的剪切面。剪切过程中试样逐渐减小，且垂直荷载发生偏心，但计算抗剪强度时却按受剪面积不变和剪应力分布均匀计算。不能严格控制排水条件，因而不能量测试样中的孔隙水压力。根据试样破坏时的法向应力和剪应力，虽可算出主应力 $\sigma_1$、$\sigma_3$ 的数值，但主应力 $\sigma_2$ 无法确定。

## 3.1.6 侧限压缩试验

土体在外部荷载下会产生变形，包括体积变形和形状变形。体积变形通常表现为体积的缩小，称为土的压缩性。这种变形会直接导致土体所承载的建筑物、构筑物沉降。如果沉降均匀且沉降量很小，则沉降对建筑物或构筑物的影响小，可以忽略不计；如果沉降量大，或造成不均匀沉降，就可能导致上部路堤开裂、桥梁、建筑物倒塌，影响正常使用。因此，有必要研究和分析土的压缩特性，并预测可能发生的压缩沉降量，进而和上部构筑物和建筑物的允许变形对比，看是否满足安全要求。侧限压缩试验也称为固结试验，它是目前测定土的压缩性的最常用的室内试验方法。

**1. 试验仪器与试验方法**

（1）试验仪器　杠杆式固结仪如图 3-2 所示。

1) 固结容器：由环刀、护环、透水板、水槽、加压盖组成。

2) 加压设备：应能垂直地在瞬间施加各级规定的压力，且没有冲击力。

3) 变形测量设备：量程 10mm，最小分度为 0.01mm 的百分表或零级位移传感器。

4) 其他：天平、秒表、修土刀、铝盒、滤纸、凡士林、烘箱等。

（2）试验方法　根据工程需要，可进行下列试验：慢速固结试验、快速固结试验、前期固结压力试验和固结系数确定试验。试验具体操作步骤如下：

取原状土或制备所需状态的扰动土样，用切土刀将土样切削成直径略大于环刀直径的土柱。取切土环刀，在环刀内侧涂上一薄层凡士林，刀口向下放在土样上，边压边削，使整个土样压入环刀内，并凸出环刀顶面，然后修平两端，擦净外壁，并测定土样密度和含水量。

在固结容器内放置护环、透水板和薄型滤纸，将带有土样的环刀，装入固结容器的护环内，放上导环，试样上依次放上薄型滤纸、透水石、传压活塞和定向钢环

# 第3章 粉土填料物理力学性质及路用性能评价

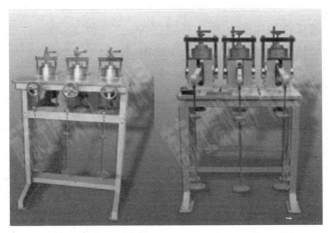

图 3-2　固结仪

球;将固结容器准确地放在加载横梁中心,再按照要求安装好加荷装备;施加 1kPa 的预压力,使仪器上下各部分之间接触;调整好百分表,并将初读数归零。

确定需要施加的各级压力,加荷等级宜为 12.5kPa、25kPa、50kPa、100kPa、200kPa、400kPa、800kPa、1600kPa、3200kPa;第一级压力的大小应根据土的软硬程度而定,宜用 12.5kPa、25kPa 或 50kPa;最后一级压力应大于土的自重压力与附加压力之和;只需测定压缩系数时,最大压力不小于 400kPa。

需要确定原状土的先期固结压力时,初始段荷重率应小于 1,可采用 0.5 或 0.25。对于饱和试样,施加第一级压力后,应立即向水槽中注水浸没试样;非饱和试样进行压缩试验时,必须用湿棉纱围住加压板周围。

需要测定沉降速率、固结系数时,施加每一级压力后,宜按照下列时间顺序测记试样的高度变化:6s、15s、1min、2min15s、4min、6min15s、36min、42min15s、49min、64min、100min、200min、400min、23h、24h,至变形稳定为止。注意测定沉降速率仅适用于饱和土。当不需要测定沉降速率时,则施加每级压力后 24h 测定试样的高度变化作为稳定标准,只需要测定压缩系数的试样,施加每级压力后,每小时变形达到 0.01mm 时,测定试样高度作为稳定标准。按照此步骤逐级加压至试验结束。

需要进行回弹试验时,可在某级压力下固结稳定后退压。直至退到要求的压力,每次退压至 24h 后测定试样的回弹量。试验结束后,迅速拆除仪器各部件,小心取出完整试样,测定其含水量,并将仪器清洗干净。

**2. 试验结果的分析和应用**

(1) 压缩曲线的绘制　根据压缩试验的数据,可以得到在每一级荷载作用下竖向变形量 $\Delta h$ 或孔隙比 $e$ 随时间 $t$ 的变化过程,由此即可得到孔隙比与所施荷载之间的关系,即压缩曲线。压缩曲线通常有两种绘制方式,一种是 $e$-$p$ 曲线,另一

种是 $e\text{-}\lg p$ 曲线。

设施加 $\Delta p$ 前试件的高度为 $H_1$，孔隙比为 $e$，施加 $\Delta p$ 后试件的压缩变形量为 $S$，施加 $\Delta p$ 前试件中的土粒体积 $V_{s1}$，施加 $\Delta p$ 后试件中土粒体积后试件中土粒体积 $V_{s2}$，则

$$V_{s1} = \frac{1}{1+e_1} H_1 A_1 \tag{3-6}$$

$$V_{s2} = \frac{1}{1+e_2} (H_1 - S) A_2 \tag{3-7}$$

由于侧向应变为 0，$A_1 = A_2$，土粒体积不变，因此

$$\frac{H_1}{1+e_1} = \frac{H_1 - S}{1+e_2} \tag{3-8}$$

即

$$\frac{1+e_2}{1+e_1} = 1 - \frac{S}{H_1} \tag{3-9}$$

所以

$$-\Delta_e = e_1 - e_2 = (1+e_1) \frac{S}{H_1} \tag{3-10}$$

利用式 (3-10) 计算每级 $\Delta p$ 作用下达到稳定时的孔隙比 $e$，绘制 $e\text{-}p$ 或 $e\text{-}\lg p$ 曲线。

如果在压缩过程中先卸载后再压缩，也可以得到回弹曲线和再压缩曲线，回弹曲线和再压缩曲线多在半对数坐标上绘制。这种试验条件下土体体积变化具有以下特征：卸载曲线与初始压缩曲线不重合，回弹量远小于当初的压缩量，说明土体的变形是由可恢复的弹性变形和不可恢复的塑性变形两部分组成；回弹和再压缩曲线比压缩曲线平缓得多，说明土在侧限条件下，经过一次加载、卸载后的压缩性要比初次加载时的压缩性小很多，由此可见，应力历史对土的压缩性有显著的影响；当再加荷的压力超过初始压缩曾经达到的最大压力后，再压缩曲线逐渐与初次加载的曲线重合。

(2) 土样的沉降计算　土样的变形可以利用前述压缩试验结果进行计算。压缩试验的结果有 $e\text{-}p$ 或 $e\text{-}\lg p$ 两种表达方式，但无论采取何种方法，其沉降都可用式 (3-10) 进行计算，为计算方便把式 (3-10) 变换为

$$S = \frac{-\Delta_e}{1+e_1} H_1 \tag{3-11}$$

$$\Delta e = e_1 - e_2 \tag{3-12}$$

式中　$e_1$、$H_1$——初始时刻在 $P_1$ 作用下所对应的孔隙比和土样高度。

当初始应力 $P_1$ 已定，$e_1$ 和 $H_1$ 也就确定了；所以 $S$ 是 $\Delta_e$ 的单值线性函数，一旦确定了 $\Delta_e$，利用式 (3-11) 就可得到土样的沉降量 $S$ 值。因此，计算的关键在

于如何得到 $\Delta_e$。实际上利用上述压缩试验结果 $e$-$p$ 曲线和 $e$-$\lg p$ 曲线,就可得到 $\Delta_e$,下面分别讨论如何利用这两种试验曲线计算 $\Delta_e$ 值。

1) 利用 $e$-$p$ 曲线计算 $\Delta_e$ 值,根据压缩试验用 $e$-$p$ 曲线表示的试验结果,曲线上任意一点切线的斜率值 $a$ 表示位于该点压力 $p$ 作用下土的压缩性的大小,即

$$a = \frac{d_e}{d_p} \approx \frac{\Delta_e}{\Delta_p} = \frac{e_1 - e_2}{p_2 - p_1} \tag{3-13}$$

式中　$a$——土的压缩系数($kPa^{-1}$ 或 $MPa^{-1}$),在一般工程勘察报告中仅提供 $a_{1-2}$ 的值,$a_{1-2}$ 代表 $p = 100 \sim 200 kPa$ 的割线斜率的绝对值;

　　　$p_1$——指地基某深度处土中竖向自重应力($kPa$ 或 $MPa$);

　　　$p_2$——指地基某深度处土中竖向自重应力与附加应力之和($kPa$ 或 $MPa$);

　　　$e_1$——相应于 $P_1$ 作用下压缩稳定时的孔隙比;

　　　$e_2$——相应于 $P_2$ 作用下压缩稳定时的孔隙比。

式(3-13)也可表示为

$$-\Delta_e = a\Delta_p = a(p_2 - p_1) \tag{3-14}$$

2) 利用 $e$-$\lg p$ 曲线计算 $\Delta_e$ 值,在较高的压力范围内,$e$-$\lg p$ 曲线中存在比较明显的直线段,该直线段表达了正常固结土的变形特征,其斜率为 $C_c$ 可表示为式(3-15)

$$C_c = \frac{e_1 - e_2}{\lg p_2 - \lg p_1} \tag{3-15}$$

式(3-15)也可表示为式(3-16)。

$$-\Delta_e = C_c(\lg p_2 - \lg p_1) = C_c \lg \frac{p_1 + \Delta_p}{p_1} \tag{3-16}$$

虽然利用 $e$-$p$ 曲线计算土体的沉降较简单,但这种方法有一个很大的缺点,就是它的压缩曲线非直线,即不同压力 $P$ 所对应的土的压缩系数 $a$ 不同。如果假定 $a$ 为常量来计算就会带来较大的误差。因此,在实际计算中,如果利用 $e$-$p$ 曲线计算土体的沉降量,应尽可能采用实际土层的 $P$ 所对应的 $a$ 值。

利用 $e$-$\lg p$ 曲线计算土的沉降,因它具有直线的特点,便于建立解析关系,使用也很方便,并且还可以考虑应力历史对土的压缩性的影响,针对正常固结、超固结和欠固结情况,可采用不同的计算方法,这是该方法的优点。因取对数的量必须是纯数量,而不应是有量纲的物理量,为此可令 $p = \dfrac{\bar{p}}{p_0}$,$p_0$ 为数值为 1 的压力。$\bar{p}$ 为实际应力值,$p$ 变为无量纲的纯数量。

(3) 压缩模量的确定　在完全侧限条件下,土体竖向附加应力增量与相应的应变增量之比为土的压缩模量,用 $E_s$ 表示。$E_s$ 可以根据压缩试验通过 $e$-$p$ 曲线求得。

在附加压力 $\Delta_p$ 作用下，土体产生竖向变形量 $\Delta_H$，则竖向应变增量为 $\dfrac{\Delta_H}{H_1}$。因此

$$E_s = \frac{\Delta_p}{\Delta_H / H_1} \tag{3-17}$$

由 $a = \dfrac{\Delta_e}{\Delta_p}$，可得

$$\Delta_p = \frac{\Delta_e}{a} \tag{3-18}$$

又因为 $\Delta_H = (e_1 - e_2) H_s$，所以

$$\Delta_H = \Delta_e H_s \tag{3-19}$$

由于

$$H_1 = (1 + e_1) H_s \tag{3-20}$$

故将式（3-18）~式（3-20）代入式（3-17），得

$$E_s = \frac{1 + e_1}{a} \tag{3-21}$$

在实际计算时可根据压缩试验所得数据直接进行计算。需要注意的是，$E_s$ 与 $a$ 一样，在不同竖向压力条件下的值不同。

(4) 土的压缩性评价 一般来说，$E_s$ 越小表示土的压缩性越高。此外，可以根据 $a_{1-2}$ 的大小来评价土的压缩性：$a_{1-2} < 0.1 \text{MPa}^{-1}$ 时为低压缩性土，$a_{1-2} < 0.5 \text{MPa}^{-1}$ 时为中压缩性土，$a_{1-2} \geqslant 0.5 \text{MPa}^{-1}$ 时为高压缩性土。

### 3.1.7 承载比试验

在公路路基设计中，不同的路基填料具有不同的贯入度，其强度也不同，因此把在贯入量为 2.5 mm 时，单位压力与标准压力之比作为材料的 CBR 值，来反映路基填料的强度指标[42]。CBR 是路基和路面材料的强度指标，是柔性路面设计的主要参数之一。虽然在路面设计中常以压缩模量作为设计参数，但是在路基路面施工规范中仍然以 CBR 作为一项力学指标。

**1. CBR 值的影响因素**

路基土的 CBR 值，主要受土质类型、含水量、压实度及试验条件四个方面因素的影响。研究表明，CBR 值与土的黏性成反比，黏性越小，CBR 值越大；浸水条件对黏性土的 CBR 值影响较大，粒径越大则浸水对其影响越小，即对浸水越不敏感，CBR 值越大；随着压实度的增加，贯入量随 CBR 值增加速率较快，甚至成倍增加；随着击实次数的增加，CBR 值呈增大趋势。

**2. 室内试验方法**

承载比试验是基于土体承受标准贯入探头贯入土中时的承载力测定，测试路基

土料和路面基层在最大干密度和最优含水量时,浸水饱和后的 CBR 值,同时测量浸水饱和后的膨胀量。试验分为室内试验和室外试验两种,下面重点介绍室内承载比试验方法。

(1) 试验仪器

1) 电动击实仪。夯锤为重 4.5kg、底面直径 50mm 的金属棒,落距 45cm。采用重型击实试验标准,试样分三层击实,每层击数 98 击。

2) 路面材料强度仪。贯入杆为直径 50mm、长 100mm 的金属杆;测力器量程 0.75~7.5kN,修正公式为

$$F = 3.3159R - 3.2988 \quad (3-22)$$

式中　$F$——贯入压力 (N);

　　　$R$——压力百分表变形值 (mm)。

升降台以 1mm/min 速度贯入。

3) 烘箱:烘箱为数显式烘箱,可调温度为 0~300℃,能够精确测定土体的含水量,试验过程中设定烘箱温度为 105℃。

4) 击实器材:圆孔筛三个,孔径分别为 40mm、20mm 和 5mm;试筒为高 170mm、内径 152mm 的金属圆筒;套环高 50mm;筒内垫块的直径为 151mm、高 50mm;夯击底板,同击实仪。

5) 贯入试验器材:大量程百分表 3 个;多孔底板一块,为试件浸水过程中的支架;多孔板一块,试件浸水时置于试件顶面,用于测量试件浸水后的膨胀量;荷载板数个,模拟外加荷载,具体形状为半圆形,直径 150mm、中心孔眼直径 52mm;水槽一个,浸泡试件用,槽内水面应保持高出试件顶面 25mm;感量为试件用量的 0.1% 的台秤一台、直尺、脱模器、拌和盘、滤纸等与击实试验相同。

(2) 试料制备　取代表性的试料 50kg,用直径为 40mm 的圆孔筛去除大于 40mm 的颗粒。试料过筛后,要按四分法大约取出 25kg,再用四分法将取出的试料平均分成 4 份即每份质量 6kg,制试件以供击实试验和贯入试验之用。要注意的是:做击实试验之前,所取试料应测定其风干含水量。

(3) 试验步骤

1) 称量试样筒的净质量 ($m_1$),在试样筒底部放入垫块、垫块上再放一张滤纸,在电动击实仪上固定好试样筒,装上套环。

2) 按照土工试验重型击实试验的规定的层数 3 层和每层击数 98 击,计算得出试料的最佳含水量和最大干密度。

3) 按计算的最佳含水量和最大干密度制备 3 个试件。首先将称量好的试料均匀散开到金属盘中,然后按照公式计算试料的加水量(注意要尽量使水分均匀地洒布在土样表面)。

$$m_w = \frac{m_1}{1+0.01\omega_1} \times 0.01(\omega - \omega_1) \quad (3-23)$$

式中 $m_w$——所需的加水量（g）；

$m_1$——含水量 $\omega_1$ 时土样的质量（g）；

$\omega_1$——土样原有的含水量（%）；

$\omega$——要求达到的含水量（%）。

试料拌和均匀后，将试料装入密封口袋内闷料 24h，使试样的水分分布尽量均匀。

击实时，将闷料完毕后的试样分三次倒入击实筒内。倒料后应将填土表面整平，稍微压实，让击实锤自由垂直落下，按规定的试验击实次数进行击实。当试件的第一层击实完成之后，将击实完成的试件顶部"拉毛"以增加与第二层土样的接触面积，然后再装填第二层土样，按上述方法重复击实剩下的土样。在击实过程中要注意每层的试样质量以保证最后试样不宜高出筒 10mm。

击实完成之后，用刮刀修平试件的顶面，如果表面凹陷或有不平整的地方应用试料修补。取出垫块，称量击实后试件和试筒的质量。

4）浸泡试件时，将试件顶面残破的滤纸，重新更换为新的滤纸，在其上安装多孔板并在多孔板上面加 4 块荷载板。将试件在多孔底板上固定好，再将试样筒与多孔板共同放入水槽内，安装百分表，读取并记录初始读数。泡水期间，应保证槽内水面高于试件顶面以上大约 25mm。试件泡水时间为 4 昼夜以模拟土样在使用过程中的最不利状态。浸水时间结束后，读取试件上百分表的最终读数，并用下式计算膨胀量

$$膨胀量 = \frac{泡水后试件高度变化}{原试件高度} \times 100\% \quad (3-24)$$

试件浸水结束后从水槽中取出试件，倒出试件顶面的水，静置一段时间后，让其排水，卸去荷载板、多孔板、底板和滤纸，并称量浸水后的试件质量，再计算试件的湿密度并观察其变化情况。

5）贯入试验，将浸水后的试件放到路面材料强度试验仪的升降台上，调整试件的位置，慢慢贯入试件到贯入杆接触试件的顶面。调节百分表位置，记录初始读数。试验过程贯入杆以 1mm/min 的速度压入试件，同时记录三个百分表的读数。

图 3-3 所示为试验装置及试验过程。

（4）CBR 值的确定　CBR 值规定为试料贯入量达 2.5mm 时的单位压力对标准碎石压入相同贯入量时标准荷载强度的比值，用百分数表示。标准荷载强度与贯入量之间的关系可用公式表示如下

$$P = 162L^{0.61} \quad (3-25)$$

式中 $P$——标准荷载强度（kPa）；

$L$——贯入量（mm）。

通过换算可得出标准荷载与贯入量的关系见表 3-2。

图 3-3 试验装置及试验过程
a) 试样预压 b) 试样饱水 c) 贯入试验 d) 读取数据

表 3-2 不同贯入量时的标准荷载强度和标准荷载

| 贯入量 | 标准荷载强度/kPa | 标准荷载/kN |
| --- | --- | --- |
| 2.5 | 7000 | 13.7 |
| 5.0 | 10500 | 20.3 |
| 7.5 | 13400 | 26.3 |
| 10.0 | 16200 | 31.8 |
| 12.5 | 18300 | 36.0 |

读取贯入量 2.5mm 和 5.0mm 所对应的单位压力 $P_{2.5}$（kPa）和 $P_{5.0}$（kPa），按式（3-26）和式（3-27）计算 CBR 值。

$$CBR_{2.5} = \frac{P_{2.5}}{7000} \quad (3\text{-}26)$$

$$CBR_{5.0} = \frac{P_{5.0}}{10500} \quad (3\text{-}27)$$

美国、日本及我国标准要求材料的承载比一般采用 $CBR_{2.5}$，若 $CBR_{2.5}$ < $CBR_{5.0}$，试验重做。若重做后，试验结果仍然如此，则采用 $CBR_{5.0}$。英国标准以

$CBR_{2.5}$ 和 $CBR_{5.0}$ 较大值作为其最终结果。

(5) 试验结果的修正　以单位压力 $p$ 为横坐标，贯入量 $l$ 为纵坐标绘制 $p$-$l$ 关系曲线（也可以单位压力 $p$ 为纵坐标，贯入量 $l$ 为横坐标绘制 $l$-$p$ 关系曲线），如图 3-4 所示。在试样制作过程中，由于表面不十分平滑，最初在对试件贯入时，贯入阻力并没有相应地成比例增加，从而使曲线向上凹。当贯入曲线起点处的凹向与主体曲线相反时要进行修正，修正的方法是在变曲率点处引一条切线与横坐标交于 $O'$，并以 $O'$ 点为修正后坐标系的原点[43]。

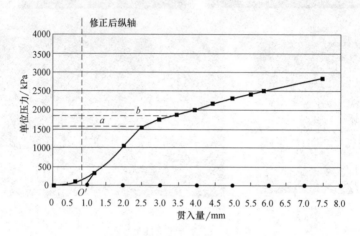

图 3-4　CBR 值修正图

(6) 不同国家的试验标准　承载比试验方法在国内外筑路时得到了广泛的应用，表 3-3 列出了美国、英国、日本、中国等国家的 CBR 试验标准。

表 3-3　CBR 试验标准

| 国家 | 击锤 | | 击实筒 | | 击实层数 | 每层击实次数 | 平均单位击实功 /(N·cm /cm³) | 贯入杆直径 /mm | 允许最大粒径 |
| --- | --- | --- | --- | --- | --- | --- | --- | --- | --- |
| | 质量 /kg | 落高 /cm | 内径 /mm | 容积 /mm³ | | | | | |
| 美国 ASTMD1557-12 | 4.54 ±0.009 | 45.72 ±0.13 | 152.4 ±0.7 | 2124 ±25 | 5 | 56 | 2700 | 50.8 ±0.13 | 19 |
| 英国 BSEN14227-15-2015 | 4.5± 0.04 | 45.7 ±0.3 | 152.4 | 2652 | 5 | 56 | 2700 | 50 | 20 |
| 日本 JIS-A-1210-2009 | 4.5± 0.02 | 45.0± 0.25 | 150.0 ±0.6 | 2209 ±26 | 5 | 55 | 2676.8 | 50±0.12 | 19 |
| | | | | | 3 | 92 | 2676.8 | 50±0.12 | 37.5 |
| 中国 JTG E40-2007 | 4.5 | 45.0 | 100 | 997 | 5 | 27 | 2687 | 50 | 20 |
| | | | 152 | 2177 | 3 | 98 | 2677.2 | 50 | 40 |

(7) 试验注意事项　应对试料进行重型击实试验，以确定其最大干密度和最

佳含水量。在试样制备过程中，应采用重型击实方法，制备试样采用的含水量为重型击实试验确定得出的最佳含水量。

试样浸水要求，要使得整个试件浸泡在水中。在向水槽放水时，水要自由进入到试样的顶部和底部。泡水期间，水面位置保持在试件顶面以上大约25mm。浸水时间96h，目的是充分考虑填料在使用期间经历气象变化、长年运行过程中的含水量变化以及在最恶劣情况下，确定其强度值。

**3. 野外试验与室内实验方法的比较**

目前国内CBR试验设备分室内试验和室外试验两种。如前所述，室内试验采用路面强度材料试验仪，试件按路基施工时的含水量及压实度要求在试样筒内制备，并在加载前浸水饱水4天。为了模拟路面结构对土基的附加压力，在浸水过程中及压入试验时，在试件顶面施加荷载板。CBR值野外试验方法基本上与室内试验相同，不同之处在于其压入试验直接在土基顶面进行。

野外试验结果有时与室内试验结果存在不完全相同的情况，这主要是由于测试土样的含水量不同，室内试验时试件处于饱水状态，而野外试验时，土基处于施工时的湿度状态。此外，室内试验中的土体，被击实后的密实程度与室外土体压实后的密实程度也不可能完全一样。有些研究讨论了对野外CBR试验的测试结果进行修正，换算成室内状态的CBR值。

表3-4列举了一些常用路基土的CBR值，是经验性的标准，可对路基土的CBR值做初步估计之用。

表3-4  常用路基土的CBR值

| 土　质 | CBR |
|---|---|
| 级配良好的砾石,砾石-砂混合料 | 60~80 |
| 级配差的砾石,砾石-砂混合料 | 35~60 |
| 均匀颗粒的砾石或砂纸砾石<br>粉质砾石,砾石-砂-粉土混合物 | 40~80 |
| 黏土质砾石,砾石-砂-粉土混合物<br>级配良好的砾石,砾石质砂<br>粉质砂,砂-粉土混合物 | 20~40 |
| 级配差的砂或砾石质砂 | 15~25 |
| 黏质土砂,石砂-黏土混合物 | 10~20 |
| 粉土,砂纸粉土,砾石质粉土<br>贫黏土,砂质黏土,砾石质黏土,<br>粉质黏土 | 5~15 |
| 无机质粉土,贫有机质黏土,云母质黏土或硅藻土 | 4~8 |

## 3.1.8 渗透试验

土体内固体颗粒之间的孔隙为流体的流动提供了通道。流体在势能差的作用下在土中孔隙中的流动，称为渗流。土具有的被水等流体通过的性质被称为土的渗透性。单位水头压力下，流体在土中的渗流速度即为渗透系数，是反映土渗透性强弱的一个重要指标。渗透试验就是为了测定土样的渗透系数，评价土的渗透性，这在实际工程上是非常必要的。

**1. 渗透性概述**

土的渗透性，即自由水在介质中的流动过程及其规律，是土的主要工程性质之一。它与土的强度和变形是通过有效应力原理统一于完整的理论体系中。这是因为，土的强度和变形主要取决于有效应力，而有效应力的增加与孔隙水压力的消散是相互对应的，其中孔隙水压力的变化又与其渗透性和排水条件密切相关。

从实际工程方面来看，土的渗透性涉及土石坝、河堤等堤坝自身和地基的渗流量及浸润线的位置，也涉及作用于建筑物基础上的压力，灌溉渠系的渗漏，路基排水和防冻工程设计，基坑开挖时排水方法的选择和抽水泵容量的设计等。土的渗透试验，即渗透系数大小的测定等是土工试验中重要项之一。

室内的渗透试验根据试验原理可分为常水头法和变水头法两种，因具有测试方法简单、需要时间短、费用低廉的特点，得到了广泛的应用。但室内渗透试验得出的渗透系数往往不能够很好地反映工程现场土的实际渗透性。因为土体的结构与土的渗透性有着很大的关系，土层中水平方向和竖直方向的渗透性也不一样。取土时会对土样有不同程度的扰动，不容易取到或者不能取到具有代表性的原状土，特别是对砂土进行取样时。所以，直接在现场进行原位测定可以得到土层可靠的实际渗透系数，但是原位测定所需要的时间比较长，并且费用较高。

**2. 渗流类型**

水通过一管道的流动过程，可以是层流，也可以是紊流。在层流中，水质点从一个位置到另一个位置呈直线移动，消耗的能量小。在紊流中，质点的移动不规则，与层流相比，质点移动同样的距离而消耗较多的能量。经过试验证明，随着流速的增加，当流速达到某一值时，水流将从层流变成紊流。然后，逐渐减小流速，当达到某一低的流速时，水流又从紊流变为层流。这两个界限流速是不一样的，从层流变为紊流的流速比从紊流变为层流的流速要大，保持层流上限的速度称为临界速度。

管内流速是单位长度水头势的函数，即水力梯度 $i$ 的函数。当层流时，速度正比于水力梯度的一次幂；当紊流时，速度近似等于水力梯度的 4/7 次幂。若以对数比尺绘制速度与水力梯度的关系曲线，对于层流将是 45°的直线；对于紊流，表示为比 45°陡的直线。水的流态可分为三区：即层流区，过渡区和紊流区。

渗流试验只适用于层流区。

**3. 试验目的与原理**

应用不同渗透仪测定不同粗粒、细粒土的渗透系数，以便了解土的渗透性大小，用于计算土的渗透性、建造土坝等挡水构筑物时选择土料、计算基坑渗水、计算饱和黏性土上建筑物的沉降和时间关系等。

若土中孔隙水在压力梯度下发生渗流,对于土中 $a$、$b$ 两点,已测得 $a$ 点水头为 $H_1$、$b$ 点的水头为 $H_2$,水自高水头的 $a$ 点(距基准面高 $z_1$)流向低水头的 $b$ 点(距基准面高 $z_2$),水流流经长度为 $l$。$a$、$b$ 两点的水头梯度为

$$i = \frac{\Delta H}{l} = \frac{H_1 - H_2}{l} \tag{3-28}$$

达西(H. Darcy)根据砂土的试验结果而得到层流渗透定律(也称达西定律):水在土中的渗透速度与水头梯度成正比,即

$$v = ki \tag{3-29}$$

式中 $v$——渗透速度(m/s);
　　　$k$——渗透系数(m/s);
　　　$i$——水头梯度,即沿着水流方向单位长度上的水头差。

单位时间内流过土截面积 $F$ 的流量称渗透流量,即

$$q = kiF \tag{3-30}$$

在黏土中,土颗粒周围的结合水因受到分子引力作用而呈现黏滞性。因此,黏土中自由水的渗流受到结合水的黏滞作用产生很大阻力,需要一个水头梯度克服结合水的阻力后才能开始渗流,称为黏土的起始水头梯度 $i_0$。在黏土中,达西定律修正后的渗流速度为

$$v = k(i - i_0) \tag{3-31}$$

**4. 试验方法和适用范围**

土的渗透系数变化范围很大($10^{-1} \sim 10^{-8}$ m/s),渗透系数测定应采用不同的方法。对于砂性土等渗透性较大的土类,多采用常水头试验法,这是一种在试验过程中保持土样两端的水头差不变的渗流试验。通过测量土样在一定的时间内的渗透量来计算出土样的渗透系数。对于渗透性比较小的土,例如黏性土,如果采用常水头试验,其在短时间内渗水量很少,不能够准确地测量出其渗透系数,所以一般采用变水头试验。变水头试验是指土样在变化的水头压力下进行的渗透试验。在试验筒上设置储水管,储水管截面积已知,在试验过程中储水管的水头不断减小。试验开始时,读出储水管水头,经过一定时间后读出减小后的水头,可以得到单位时间内的变化水量(渗透流量),根据达西定律即可求出渗透系数。试验时应该分多组进行,对所得到的结果取平均值,作为土的渗透系数。

**5. 仪器设备**

1)渗透容器。由环刀、透水石、套环、上盖和下盖组成。其中环刀内径 61.8mm,高 40mm;透水石的渗透系数应大于 $10^{-3}$ cm/s。

2）变水头装置。由渗透容器、变水头管、供水瓶、进水管等组成。变水头管的内径应均匀，管径不大于1cm，管外壁应有最小分度为1.0mm的刻度，长度宜为2m左右。

3）常水头渗透仪装置。由金属封底圆筒、金属孔板、滤网、测压管和供水瓶组成。金属圆筒内径为10cm，高40cm。当使用其他尺寸的圆筒时，圆筒内径应大于试样最大粒径的10倍。

#### 6. 试验操作步骤

渗透试验分为常水头渗透试验和变水头渗透试验两种，常水头渗透试验适用于粗粒土，变水头渗透试验适用于细粒土，由于粉土属于细粒土，故本文将重点介绍变水头试验的操作步骤：

1）将土试样连同环刀一起装入渗透容器中，用螺母拧紧，要求密封至不漏水不漏气。对不易透水的试样，按规定进行抽气饱和；对饱和试样和较易透水的试样，直接用变水头装置的水头进行试样饱和。

2）将渗透容器的进水口与变水头管连接，利用供水瓶中的纯水向进水管注满水，并渗入渗透容器。开排气阀，排除渗透容器底部的空气，直至溢出水中无气泡，关排水阀，放平渗透容器，关进水管夹。

3）向变水头管中注纯水。使水升至预定高度，水头高度根据试样结构的松散程度确定，一般不应大于2m，待水位稳定后切断水源，开进水管夹，使水通过试样，当出水口有水溢出时开始测记变水头管中起始水头高度和起始时间，按预定时间间隔测记水头和时间的变化，并测记出水口的水温。

4）将变水头管中的水位变换高度，待水位稳定再进行测记水头和时间变化，重复试验5~6次。当不同开始水头下测定的渗透系数在允许差值范围内时，结束试验。

#### 7. 试验注意事项

用环刀切取试样时，应尽量避免结构扰动，并禁止用削土刀反复涂抹试样表面。

当测定黏性土时，须特别注意不允许水从环刀和土之间的孔隙中流过，以免产生假象。

环刀边要套橡皮胶套或涂一层凡士林以防漏水，透水石使用前需要用开水浸泡。

## 3.2 试验结果分析

### 3.2.1 含水量试验结果分析

对现场所取土样密封后拿回实验室，经烘干法平行试验测定，其含水量为

2.87%，含水量较低，土样较干，土保水性能较差。

### 3.2.2 颗粒分析试验结果分析

**1. 土样定名**

土的分类系统将不同的土壤排列成不同的相似组合，以使人们能够根据相同的土壤初步获得已知的特性。从理论层面来看，土的工程分类是岩土工程勘察设计的前提，也是岩土工程勘察评价的基本内容，正确的设计必须基于对土体的正确评估。其次，从施工水平来看，无论是水利、民用建筑、公路、铁路，土的分类都是不可或缺的。

土分类有三个指标：土壤颗粒组成特征；液限，塑限和土的塑性指数；土壤中有机质的存在。从颗粒组成特征的角度来看，粒径大于2mm且质量超过总质量50%的土称为碎石；大于2mm的颗粒质量不超过总质量的50%，颗粒直径大于0.075的颗粒质量超过土总质量的50%称为粗粒土；大于0.075mm的颗粒质量不超过土总质量的50%称为细粒土。

从液体塑性极限的角度看土壤的工程分类是由卡萨格兰特于1942年首次提出的，分类方法称为塑性图分类法。该分类方法是美国材料与试验协会的统一分类方法。后来在许多欧洲国家采用了该系统中细粒土的分类。液限是横坐标，塑性指数是纵坐标，获得的图像称为塑性图[44]。

从有机质的角度分析。土壤中的有机物包括不完全分解的动植物残骸和完全分解的无定形物质。后者主要是黑色，青蓝黑色或深色。通过目视检查，手触和嗅觉来区分。当无法确定时，可以使用以下方法：样品在105~110℃的供应箱中烘烤，如果烘烤24h后样品的液体极限小于四分之三烘烤，样品是有机土。

对于本工程试验土样，由于土样手感和质感均和粉土类似，因此取土颗粒比重为2.70。图3-5所示给出土样颗粒级配曲线，表3-5为土样颗粒分析试验记录。

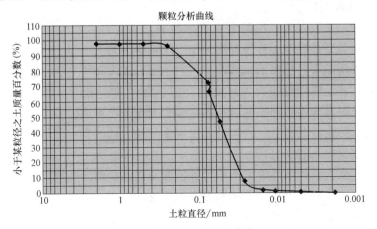

图3-5 土样颗粒级配曲线

表 3-5  土样颗粒分析试验记录（筛分法和密度计法联合分析）

取土部位：大兴
风干土质量 = 30.25g，小于 0.075mm 的土占总土质量百分数 = 72.30%
2mm 筛上土质量 = 0.53g，小于 2mm 的土占总质量百分数 = 98.25%
2mm 筛下土质量 = 29.72g，细筛分析时所取试样质量 = 200g

| 筛号 | 孔径/mm | 累积筛土质量/g | 小于该孔径的土质量/g | 小于该孔径的总土质量百分数/g |
|---|---|---|---|---|
| 1 | 2 | 0.53 | 29.72 | 98.25 |
| 2 | 1 | 0.05 | 29.67 | 98.08 |
| 3 | 0.5 | 0.12 | 29.55 | 97.69 |
| 4 | 0.25 | 0.43 | 29.12 | 96.26 |
| 5 | 0.075 | 7.25 | 21.87 | 72.3 |
| 6 | 0.072 | | | 66.26 |
| 7 | 0.054 | | | 46.48 |
| 8 | 0.026 | | | 6.92 |
| 9 | 0.015 | | | 1.98 |
| 10 | 0.011 | | | 0.89 |
| 11 | 0.005 | | | 0.33 |
| 12 | 0.002 | | | 0.03 |

从表 3-5 中的数据得出土样颗粒成分如下：细砾 0.17%、粗砂 0.39%、中砂 1.43%、细砂 23.96%、粉粒 71.97%、黏粒 0.33%。

粉土颗粒粒径大小相对均匀，生成条件单一，颗粒主要集中在粉粒和砂粒上，这两种成分占总量的 95.87%，黏粒含量很低，砂粒和粉粒之间的间隙没有更多的细小黏粒存在，形成了所谓的"搭积木"式的构架。根据 JTG E40—2007《公路土工试验规程》可将其判定为含砂粉土，前述颗粒比例取 2.70 为合适。

**2. 土样级配判定**

土的不均匀系数越大，说明土中粗颗粒和细颗粒的粒径大小较悬殊。一般来说，土的不均匀系数大于 5 称为不均匀土，否则称为均匀土。土样的粒径级配曲线斜率是否连续用曲率系数表示，当曲率系数小于 1 或大于 3 时表示级配不连续，反之级配连续。若土样颗粒级配曲线是连续的，土样的不均匀系数越大，曲线越平缓，表示土样中有很多粗细不同的粒组，粒径变化的范围大。若土样颗粒级配曲线斜率不连续，即在曲线的某一段位置上出现水平段，则表示水平段的范围内，粒组含量为零，缺少中间的粒组。

从工程角度来说，土的级配不均匀且级配曲线连续的土为级配良好的土，而不能够同时达到上述两个要求的土统称为级配不良的土。

从图 3-5 中可以得出：
土样的不均匀系数按式（3-32）计算

$$C_u = \frac{d_{60}}{d_{10}} = \frac{0.068}{0.028} = 2.42 \tag{3-32}$$

不均匀系数小于5，所以此土样为均匀土。

土样的曲率系数按式（3-33）计算

$$C_c = \frac{d_{30}^2}{d_{10}d_{60}} = \frac{0.042^2}{0.068 \times 0.028} = 0.93 \tag{3-33}$$

曲率系数小于1，所以此土样的级配不连续。

综上所述，因为土样为级配不连续的均匀土，所以土样为级配不良的土，粒径均匀的粉粒占大多数，颗粒间的填充物黏粒相对较少。土样颗粒之间的空隙较大，需进行改良。

### 3.2.3 界限含水量试验结果分析

采用液塑限联合测定仪（100g锥）做土样液塑限试验，得出土样的液限为20.3%，塑限为16.7%，塑性指数为3.6。

根据细粒土的塑性图判定，细粒土在塑性图B线（图3-6）以左，$I_P = 4$线以下，其主要颗粒为粉土，这和颗粒分析所得到的结果一致，该填料定名为低液限含砂粉土。低液限粉土的矿物成分由非黏土矿物和黏土矿物组成，非黏土矿物含量占大多数，主要由长石、云母和石英等矿物组成，黏土矿物含量较少，以次生矿物伊利石和高岭石为主要成分，其余的矿物成分含量较少。

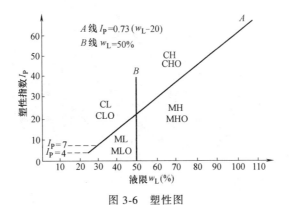

图3-6 塑性图

### 3.2.4 击实试验结果分析

**1. 击实曲线分析**

用一定的击实功来锤击土样，测量土样的干密度和含水量，然后绘制土样干密度和含水量之间的关系曲线，即为击实曲线。本土样采用重型击实，试验曲线如图3-7所示，试验记录见表3-6。

表 3-6 击实试验记录

| 击实试验记录 | | | | | | | | | | | |
|---|---|---|---|---|---|---|---|---|---|---|---|
| 土样编号： | | | 筒号： | | | | 落距:45cm | | | | |
| 土样来源：大兴某高速公路 | | | 筒容积:997cm³ | | | | 每层击数:27 | | | | |
| 实验日期： | | | 击锤重量 4.5kg | | | | 大于5mm 颗粒含量:0 | | | | |
| | 试验次数 | | 1 | | 2 | | 3 | | 4 | | 5 |
| 干密度 | 筒+土质量 | g | 4406.9 | | 4464 | | 4514.4 | | 4542 | | 4499 |
| | 筒质量 | g | 2542.5 | | 2542.5 | | 2542.5 | | 2542.5 | | 2542.5 |
| | 湿土质量 | g | 1864.9 | | 1921.5 | | 1971.9 | | 1999.5 | | 1956.5 |
| | 湿密度 | g/cm³ | 1.870 | | 1.930 | | 1.980 | | 2.010 | | 1.960 |
| | 干密度 | g/cm³ | 1.705 | | 1.726 | | 1.741 | | 1.742 | | 1.670 |
| 含水量 | 盒号 | | 26 | 336 | 70 | 18 | 44 | 22 | 99 | 87 | 42 | 38 |
| | 盒+湿土质量 | g | 40.48 | 30.95 | 37.75 | 36.10 | 41.66 | 34.94 | 39.19 | 35.46 | 33.99 | 38.03 |
| | 盒质量 | g | 12.32 | 9.66 | 14.10 | 14.66 | 12.02 | 12.02 | 14.59 | 14.03 | 12.45 | 13.46 |
| | 盒+干土质量 | g | 38.01 | 29.07 | 35.21 | 33.86 | 38.00 | 32.21 | 35.88 | 32.63 | 30.79 | 34.36 |
| | 干土质量 | g | 25.68 | 19.41 | 21.11 | 19.20 | 25.98 | 20.19 | 21.29 | 18.60 | 19.34 | 20.91 |
| | 含水量 | % | 9.66 | 9.69 | 12.00 | 11.67 | 14.09 | 13.52 | 15.55 | 15.22 | 17.45 | 17.56 |
| | 平均含水量 | % | 9.68 | | 11.84 | | 13.76 | | 15.39 | | 17.51 | |

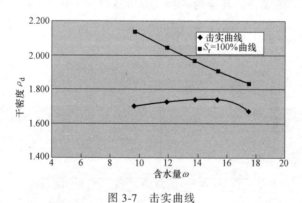

图 3-7 击实曲线

从图 3-6 中可得，土样的最佳含水量为 14.6%，最大干密度为 1.74g/cm³。

**2. 孔隙体积和干密度关系**

图 3-8 所示给出了孔隙体积-干密度关系曲线。

从图 3-8 中可以看出随着干密度的增大，土样中的孔隙体积减小，但即使是达到最大干密度的土样，土中的孔隙体积仍多达 34.32%，其中孔隙水体积占 23.95%，孔隙体积占 10.37%，孔隙比为 0.523。如此大的孔隙体积，为土样预留了较大的变形空间，也为水在其中的流动提供了丰富的通道。

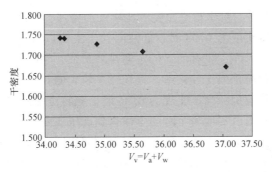

图 3-8　孔隙体积-干密度关系曲线

**3. 击实土样的微观结构分析**

土体的宏观力学性质和微观颗粒、土体孔隙结构有着很大的关系。对于土体微观结构的研究一般借助扫描电镜、电子计算机 X 射线断层扫描等技术。随着计算机技术以及图像处理技术的快速发展，许多方法的提出和软件的开发，使岩土体微观结构的量化得以实现。通过观察土体的微观结构，能够更好地了解土颗粒之间的相互作用，能够观察到不同的压实度下孔隙的大小和颗粒的排列情况，能够更好地解释土体的不同性质。

图 3-9 所示给出了武科[45] 所做的压实粉土的微观结构。

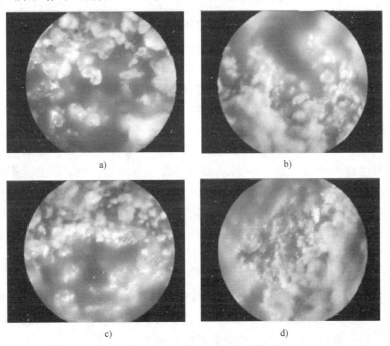

图 3-9　压实粉土的微观结构
a）压实度 0.93　b）压实度 0.94　c）压实度 0.96　d）压实度 1

从图 3-8 可以看出，对于粉土，随着压实度的增加，其颗粒排列逐渐密实。在低压实度状态下，压实度为 0.93 时，低液限粉土主要以较松散的单粒结构或蜂窝结构存在，颗粒排列无序，没有明显的定向排列特征，黏土颗粒分布不均匀，难以形成明显的联结，颗粒排列比较松散，存在较多较大的孔隙；当压实度为 0.94 时，其颗粒排列大孔隙稍减少；当压实度为 0.96 时，颗粒更加密实，孔隙进一步缩小，但仍存在较大孔隙；当压实度为 1 时，土样达到高压实度状态下，凝聚结构或紧密的团粒占主导地位，颗粒排列具有轻微的定向排列特性，黏粒分布趋于均匀，并且具有一定的联结作用，孔隙更小，结构紧凑，但仍存在少量大孔隙。

这是由于粉土颗粒粒径比黏土的大，并且粒径较均匀，在高压实度条件下，粉土土样中颗粒之间的孔隙减小，部分较大颗粒被压碎，但因为仍存在较大颗粒，细小颗粒难以充分移动来填充大颗粒周围的孔隙，所以，仍残留了一些大孔隙，导致粉土不易压实，仍较易发生毛细水上升现象。

综上，粉土在不同的压实度下呈现出不同的联结形式和结构形式，以及不同的排列状态，依靠孔隙比由里到外展现出来，从而影响粉土的工程性质。可通过改变粉土的联结形式、增加压实度，改变粉土颗粒的排列顺序来提高粉土的工程性质。

### 3.2.5 直接剪切试验结果分析

路基不仅受到道路交通荷载传递的力，还承受着路面和自身的重力。由于路面处于路基表层，人们往往可以在路面发生破坏之时进行补救。但路基不同，当路基发生破坏，无论是水稳定性不良，还是承载力不足，哪怕是局部出现此问题，都有可能导致路面的变形，后果非常严重。因此，在路基填筑时，要充分考虑路基土的力学性能，如无侧限抗压能力、抗剪能力及自身的内摩擦角等指标。

下面通过直接剪切试验对土样的抗剪能力和强度指标进行分析。

#### 1. 剪应力-剪应变关系曲线

根据高速公路对路基压实度的要求，分别对压实度为 0.96、0.94、0.93 的土样，进行直接剪切试验，图 3-10 所示给出了各级竖向压力（$P$）下，不同压实度土样的剪应力-剪应变关系曲线。从图 3-10 可以看出，在各压实度下，土样的剪应力-应变关系曲线呈现出相似的规律，即随着土样竖向压力的增加，土样应变软化的趋势逐渐加剧，且在较高压实度的情况下，应变软化现象更加明显，说明此时土样的破坏主要是颗粒间的失稳破坏。

#### 2. 竖向荷载-剪应力关系曲线

图 3-11 所示给出了不同压实度土样的竖向荷载-剪应力关系曲线。从中可以看出，各压实度下的土样曲线，均呈良好的线性关系，符合莫尔-库仑抗剪强度准则。随着竖向荷载的增加，土样所能承受的剪应力增大。

#### 3. 抗剪强度指标

确定土体的抗剪强度指标，即内摩擦角和黏聚力是研究土体抗剪强度的关键问

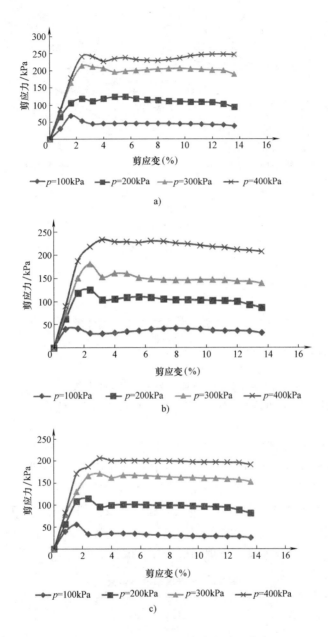

图 3-10　土样剪应力-剪应变关系曲线
a) 压实度 0.96　b) 压实度 0.94　c) 压实度 0.93

题，如不能准确测得上述指标，理解其明确的物理意义，在工程中就可能低估土的抗剪强度而造成设计浪费、费用增加或者是高估土的抗剪强度而导致建筑物的破坏，造成较大的工程事故。

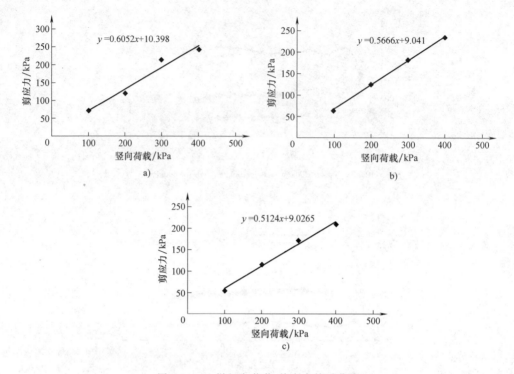

图 3-11 土样竖向荷载-剪应力关系曲线
a）压实度 0.96  b）压实度 0.94  c）压实度 0.93

（1）黏聚力和内摩擦角　在直剪试验的过程中，由于仪器所限，并不能严格的控制试样的排水条件，但可以通过控制土样的剪切速率，一定程度上近似模拟实际土体中的排水条件。根据剪切速率的不同，可以把直剪试验分为固结慢剪试验、固件快剪试验、快剪试验三种类型，本次试验中涉及的路基填土处于非饱和状态，所以采用快剪试验。

表 3-7 给出了不同压实度下抗剪强度指标的试验结果。

表 3-7　直接剪切试验结果

| 压实度 | 黏聚力 $c$/kPa | 内摩擦角/(°) |
| --- | --- | --- |
| 0.96 | 10.40 | 31.2 |
| 0.94 | 9.04 | 29.5 |
| 0.93 | 9.02 | 27.1 |

（2）压实度和黏聚力之间的关系　图 3-12 所示给出了土样压实度和黏聚力之间的关系曲线。

从图 3-12 可以看出，土样黏聚力随压实度的增加而增大，在较低压实度下，黏聚力随压实度增加的速率较小；在较高压实度下，土样黏聚力随压实度增加的速率增加。这就说明，现场路基施工需确保较高的压实度，才能获得较大的黏聚力，且压实度越高，黏聚力对强度的贡献越大。在试验压实度范围内，黏聚力和压实度之间呈现良好的多项式关系，$R^2=0.9006$，具有较高的拟合相似度。

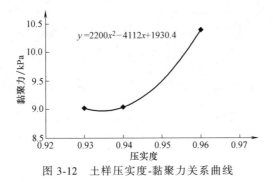

图 3-12 土样压实度-黏聚力关系曲线

总的来说，压实度提高了 0.3，黏聚力增加约 1.4kPa，对于黏粒含量较小的粉土而言，压实度对黏聚力的影响较大。

（3）压实度和内摩擦角之间的关系 图 3-13 所示给出了土样压实度和内摩擦角之间的关系曲线。

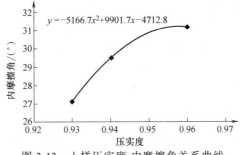

图 3-13 土样压实度-内摩擦角关系曲线

从图 3-13 可以看出，土样的内摩擦角随黏聚力的增加而增大，但增加速率随着压实度的增大而减小。即当土样达到较高压实度时，压实度的进一步增加对土样内摩擦角的影响较小。

在试验压实度范围内，内摩擦角和压实度之间呈现良好的多项式关系，$R^2=1$，具有极高的拟合相似度。

总的来说，压实度提高了 0.3，内摩擦角增加 4.1°，对于黏粒含量较小的粉土而言，压实度对内摩擦角的影响比对黏聚力的影响大。

## 3.2.6 侧限压缩试验结果分析

对压实度为 0.96、0.94、0.93 的路基土样，分别进行两组平行的压缩试验，对填料的压缩特性进行分析。

**1. 压缩试验结果分析**

表 3-8 所示给出了压实度为 0.96 的土样的压缩试验结果。

表 3-8 压缩试验两组平行试验结果（压实度为 0.96）

| 加荷时间/h | 压力/kPa | 试样总变形量/mm | 压缩后试样高度/mm | 单位沉降量/(mm/m) | 孔隙比 | 平均试样高度/mm | 单位沉降差/(mm/m) | 压缩模量/MPa | 压缩系数/MPa$^{-1}$ |
|---|---|---|---|---|---|---|---|---|---|
| 试样 1 原始高度 $h_0 = 20$cm，孔隙比 $e_0 = 0.615$ ||||||||||
| 0 | 0 | 0 | 20 | 0 | 0.615 | | | | |
| | | | | | | 19.920 | 8.05 | 6.21 | 0.26 |
| 24 | 50 | 0.161 | 19.839 | 8.05 | 0.602 | | | | |
| | | | | | | 19.768 | 15.15 | 6.99 | 0.23 |
| 24 | 100 | 0.303 | 19.697 | 15.15 | 0.591 | | | | |
| | | | | | | 19.624 | 22.45 | 13.49 | 0.12 |
| 24 | 200 | 0.449 | 19.551 | 22.45 | 0.579 | | | | |
| | | | | | | 19.478 | 29.75 | 26.78 | 0.06 |
| 24 | 400 | 0.595 | 19.405 | 29.75 | 0.567 | | | | |
| 试样 2 原始高度 $h_0 = 20$cm，试验前孔隙比 $e_0 = 0.615$ ||||||||||
| 0 | 0 | 0 | 20 | 0 | 0.615 | | | | |
| | | | | | | 19.918 | 8.25 | 6.06 | 0.27 |
| 24 | 50 | 0.165 | 19.835 | 8.25 | 0.602 | | | | |
| | | | | | | 19.764 | 15.35 | 6.98 | 0.23 |
| 24 | 100 | 0.307 | 19.693 | 15.35 | 0.590 | | | | |
| | | | | | | 19.624 | 22.3 | 14.17 | 0.112 |
| 24 | 200 | 0.446 | 19.554 | 22.3 | 0.579 | | | | |
| | | | | | | 19.479 | 29.85 | 25.90 | 0.06 |
| 24 | 400 | 0.597 | 19.403 | 29.85 | 0.567 | | | | |

从中可以看出，随着竖向压力的增加，土样的压缩模量增加，压缩系数降低。根据试验结果，可得压实度为 0.96 时，土样 $E_{s1-2}=13.83$MPa，压缩系数 $0.1$MPa$^{-1} \leqslant a_{v1-2} = 0.116$MPa$^{-1} < 0.5$MPa$^{-1}$，属于中压缩性土。

图 3-14 所示给出了压实度为 0.96 时土样的压力 $P$-孔隙比 $e$ 关系曲线。从图中可以看出，随着土样上覆压力的增加，土中的孔隙比逐渐减小，且随着压力的增大，孔隙比减小的速率降低。压实度为 0.94、0.93 的土样也表现出相同的性质。

**2. 压实度与压缩特性之间的关系**

压实度与压缩模量之间的关系。图 3-15 所示给出了压实度与土样压缩模量 $E_{s1-2}$ 之间的关系曲线，从图中可以看出，土样的压缩模量随着土样压实度增加而增大，在试验压实度范围内，压缩模量 $E_{s1-2}$ 与压实度之间呈线性关系，表达式为 $y=ax+b$，其中 $a=-9.967$，$b=24.785$，为试验常数，$R^2 = 0.9997$。

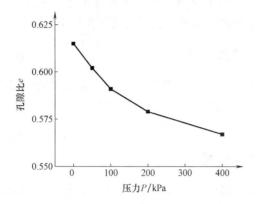

图 3-14　压力 $P$-孔隙比 $e$ 关系曲线（压实度为 0.96）

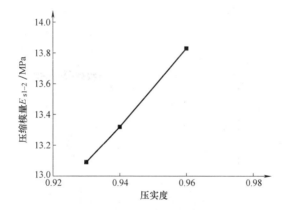

图 3-15　压缩模量 $E_{s1\text{-}2}$ 与压实度之间呈线性关系曲线

压实度与压缩系数之间的关系。图 3-16 所示给出了压实度与土样压缩系数

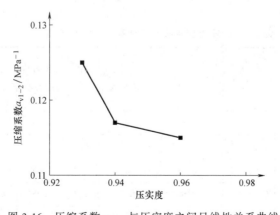

图 3-16　压缩系数 $a_{v1\text{-}2}$ 与压实度之间呈线性关系曲线

$a_{v1-2}$ 之间的关系曲线,从图中可以看出,土样压缩系数随着土样压实度的增加而减小,且在较低压实度下的减小速率高于较高压实度下的减小速率。

### 3.2.7 承载比试验结果分析

采用承载比试验对土样的 CBR 值进行了测定,试验得到该含砂粉土在压实度 0.96 时的 CBR 值为 8.7,满足《公路路基施工技术规范》中路基填料的 CBR 值大于等于 8 的要求。

### 3.2.8 渗透试验结果分析

采用变水头渗透仪对压实度 0.96、0.94 的含砂粉土,进行渗透系数测定,其试验装置如图 3-17 所示。所得试验数据见表 3-9 和表 3-10。

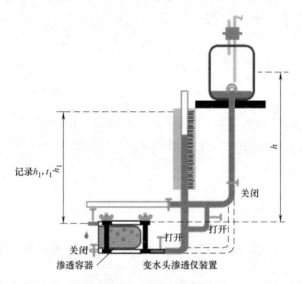

图 3-17 变水头渗透试验装置

表 3-9 砂粉土变水头渗透试验数据(压实度 0.96)

| 时间 /t | 水头 $h_1$/cm | 水头 $h_2$/cm | 2.3aL/At | $\lg(h_1/h_2)$ | 水温 $T$/℃ 渗透系数 | 水温 /℃ | 校正系数 $\eta_T/\eta_{20}$ | 渗透系数 $k_{20}$ /(cm/s) | 平均渗透系数 |
|---|---|---|---|---|---|---|---|---|---|
| 422 | 155 | 105 | 0.000894 | 0.169142 | 0.000151 | 20.2 | 1.0052 | 0.000152 | 0.000144 |
| 420 | 160 | 110 | 0.000898 | 0.162727 | 0.000146 | 20.2 | 1.0052 | 0.000147 | |
| 432 | 160 | 110 | 0.000873 | 0.162727 | 0.000142 | 20.2 | 1.0052 | 0.000143 | |
| 498 | 145 | 95 | 0.000757 | 0.183644 | 0.000139 | 20.2 | 1.0052 | 0.00014 | |
| 421 | 135 | 95 | 0.000896 | 0.15261 | 0.000137 | 20.2 | 1.0052 | 0.000137 | |

表 3-10  砂粉土变水头渗透试验数据（压实度 0.94）

| 时间 /t | 水头 $h_1$/cm | 水头 $h_2$/cm | 2.3aL/At | $\lg(h_1/h_2)$ | 水温 T/℃ 渗透系数 | 水温 /℃ | 校正系数 $\eta_T/\eta_{20}$ | 渗透系数 $k_{20}$ /(cm/s) | 平均渗透系数 |
|---|---|---|---|---|---|---|---|---|---|
| 200 | 160 | 120 | 0.001886 | 0.124939 | 0.000236 | 17 | 1.088 | 0.000256 | |
| 228 | 165 | 120 | 0.001654 | 0.138303 | 0.000229 | 17 | 1.088 | 0.000249 | |
| 279 | 160 | 110 | 0.001352 | 0.162727 | 0.00022 | 17 | 1.088 | 0.000239 | 0.000242 |
| 309 | 150 | 100 | 0.001221 | 0.176091 | 0.000215 | 17 | 1.088 | 0.000234 | |
| 286 | 130 | 90 | 0.001319 | 0.159701 | 0.000211 | 17 | 1.088 | 0.000229 | |

结合表 3-9 和表 3-10 得出土样在压实度 0.96 下的渗透系数为 $1.44\times10^{-4}$ cm/s，压实度 0.94 下的渗透系数为 $2.42\times10^{-4}$ cm/s；表 3-11 给出了常规土样的渗透系数，该试验值处于合理范围之内。

表 3-11  常规土样的渗透系数

| 土的类别 | 渗透系数 k/(cm/s) | 土的类别 | 渗透系数 k/(cm/s) |
|---|---|---|---|
| 黏土 | $<10^{-7}$ | 中砂 | $10^{-2}$ |
| 粉质黏土 | $10^{-5}\sim10^{-6}$ | 粗砂 | $10^{-2}$ |
| 粉土 | $10^{-4}\sim10^{-5}$ | 砾砂 | $10^{-1}$ |
| 粉砂 | $10^{-3}\sim10^{-4}$ | 砾石 | $>10^{-1}$ |
| 细砂 | $10^{-3}$ | | |

## 3.3  土样的路用性能分析

### 3.3.1  土样的基本性质

该土样定名为含砂低液限粉土；黏粒含量极少，级配严重不良。

土颗粒细小且均匀，级配差；少量的砂土颗粒之间充填粒径均匀的粉土颗粒，而粉粒和砂粒间的空隙几乎没有细小的黏粒填充，因此难以形成紧密的填充和嵌挤结构，致使自身结构欠稳定，压缩性和透水性较大；属于中压缩性土。

粒径小于 0.075mm 的颗粒百分比占到 95.48%，土样含泥量较高。

D50 为 0.058mm，位于 0.05~0.09mm 的液化危险范围之间，加之所处位置较浅，故保水状态下有发生振动液化的可能。

土中黏粒含量极少，塑性指数低，黏聚力低，毛细管发育，保水性差。干燥状态下，该土极为松散，承载力极低，但渗水率极高；遇水后，尽管呈现出一定黏性，但由于黏土颗粒的缺失，黏性持续时间较短，水分散失快，碾压成型的路基因水分散失很容易变得松散。

素土强度较低，但基本满足高速公路路基压实度 0.96 的要求。

### 3.3.2 土样的路用性能分析

鉴于上述土样性质，填料的路用性能分析如下：

土样级配差，粒径均匀，路基填土难压实且压实质量难保证，如碾压的最佳含水量难以控制，易被压碎，浸水后容易成流体状态；保水性能差，表层易失水，易起皮，如果施工过程中操作不当还易引起剪切推移，或者碾成鱼鳞状，使得压实达不到要求，结构层不能形成板体，从而影响土的强度，留下工程隐患；若加上施工车辆的反复作用，板体的路基结构容易遭到破坏；因此常规的压实方法和工艺难以压实，不能保证高速公路要求的压实质量。

用该土填筑的路基，由于土体具有较高的压缩性、较大的渗透性和不良的级配，致使路基本体在使用过程中出现坡面冲蚀、渗透破坏、潜蚀破坏和过大变形等路基病害，将对高速公路的正常运营产生很大影响，且病害一旦发生整治极其困难。

此外，根据《公路路基施工技术规范》，对路基填料要求如下：

石质土，如碎（砾）石土、砂土质碎（砾）石及碎（砾）石砂，粗粒土，细粒土中的低液限黏质土都具有较高的强度和足够的水稳性，属于较好的路基填料。砂土可用作路基填料，但由于没有塑性，受水流冲刷和风蚀易损坏，在使用时可掺入黏性大的土；轻、重黏土不是理想的路基填料，规范规定：液限大于 50、塑性指数大于 26 的土、含水量超过规定的土，不得直接作为路堤填料，需要应用时，必须采取满足设计要求的技术措施（如含水量过大时加以晾晒），经检查合格后方可使用；粉土必须掺入较好的土体后才能用作路基填料，且在高等级公路中，多用于路堤下层（距路基顶面 0.8m 以下）。

基于以上规定，该土样为含砂低液限粉土，必须掺入较好的土体后才能用作路基填料，且在高等级公路中，多用于路堤下层要实现其在路堤全段的应用，必须进行特殊改良。

## 3.4 本章小结

本章就拟用路基填料进行了相关的物理力学性质试验，对其进行了定名及路用性能分析，发现该路基填料级配不良、击实困难、保水性差、强度较低，必须掺入较好的土体后才能用作路基填料，且在高等级公路中，多用于路堤下层；若使用于路堤上层必须进行改良。

# 第4章

# 改良粉土填料性能分析

为了降低粉土的渗透性、可压缩性，提高路基填料的水稳性，增加土体强度，改善土的性能，减小路基变形，本章以京台高速现有路基填土为基本材料，在其中掺入一定比例的水泥、石灰和黏性土，对土体进行改良处理，并通过试验来判定各种改良方案对土体的实际加固效果。主要进行了以下几个方面的研究：

1）掺入不同材料后路基填料的物理性能研究。根据筛分、击实等试验对土样的物理指标进行分析，选择合适的掺料及掺量以进行下一步的试验研究。

2）掺入不同材料后路基填料的抗剪强度试验研究。通过制作试件，对不同水泥掺量、石灰掺量和黏土掺量的样品进行直接剪切试验，分析石灰、水泥、黏土三因素对既有土样抗剪强度的影响。

3）掺入不同材料后路基填料CBR试验研究。对不同改良试样进行不同配合比和压实度下的CBR试验，分析不同配合比、压实度、改良方法对CBR值的影响，评价不同改良方案的实际效果。

4）掺入不同材料后路基填料的渗透特性试验研究。通过变水头渗透试验，测定改良土的渗透系数，评价掺入水泥、石灰以及黏性土对渗透性的影响。

## 4.1 石灰改良粉土性能研究

### 4.1.1 石灰改良粉土研究进展

石灰原料充足、改良方法成本低、适用于多种土类。作为一种稳定固化土，石灰改良土具有较高的强度、较强的板结性和较好的水稳性、抗冻性，在实际工程中被广泛采用。我国在利用石灰改良土作路基填料方面做了不少探索性的工作，石灰改良土作高速公路路基、铁路路基填筑材料在软土地区得到了广泛应用，利用石灰处理膨胀土、淤泥质软土等特殊地基也取得了一定的成果。

孙宏林、赵新益[46]通过试验研究了石灰改良黏土在高速铁路路基中的应用，指出黏土填筑高速铁路路基，必须进行改良处理，并在填筑施工中严格控制含水量、辗压时间和压实质量；掺入一定比例的石灰改良后，颗粒粒度、胀缩性指标改善，强度提高，压缩性降低，水稳性大大增强，表明改良是有效的。此外，石灰改良可以避免水泥改良初期强度形成速率快，对辗压时间要求严格，且由于干缩、温缩应变引起的变形不易自愈等的问题，因此具有较好的改良效果，建议在室内试验最佳掺量（5%）增加1%~2%作为设计掺量，采用6%~7%。

杨广庆、管振祥[47]通过室内试验，进行了石灰土的物理力学特性研究，指出改良土的强度随掺入料剂量的增大而增加。当石灰的含量较低时，石灰主要起稳定作用，会使土的塑性、膨胀性降低，初步使土具有稳定所需的水稳性，密实度和强度。随着石灰含量的增大，强度和稳定性均提高。但在石灰含量超过一定数量后，过多的石灰将沉积在土孔隙中，这将导致石灰土强度降低。因此，对于石灰改良土而言，存在一个最佳石灰含量。石灰土在最佳石灰含量处，其强度存在一个最大值。由此给出了满足高速铁路要求的改良土的最佳配合比，并通过振动三轴试验对三种设计比例的改良土进行验证，试验结果表明该设计值是正确的。

徐勇、张婉琴[48]对作为路基填料的石灰土进行了研究，结果表明：石灰的掺入能有效改善黏性土的力学性能，使其能满足铁路路基填料的要求；当石灰掺入量为3%~8%时，石灰土的最大干密度和最优含水量的变化幅度很小，因而对实际施工中路基压实效果的影响不大；但石灰土的养护时间对最大干密度和最优含水量有一定的影响，随着养护时间的延长，生石灰的一系列化学反应逐步加强，使得最大干密度和最优含水量均会减少。因此在实际施工中，石灰土应养护3天后再进行压实；根据无侧限抗压强度试验，石灰土的强度随着石灰掺入量的增加而增大，但并不是石灰掺量越多越好。

麻绍林[49]对如何提高石灰稳定土路面基层的强度进行研究，结合石灰稳定土的特性，从石灰等级、剂量和密实度选择等方面，提出了使石灰稳定土基层达到较高强度的措施。指出石灰剂量的选取应根据路面结构层位要求的强度、水稳性、冻稳性，结合土质、石灰质量、气候和水文等因素综合进行选定，建议掺灰量6%~8%。且石灰等级越高、细度越大、石灰土越密实，同等剂量的强度越高。

徐勇、张婉琴[50]通过重型击实试验和无侧限抗压强度试验，研究了不同石灰掺入量及不同养护时间对石灰土的最大干密度、最优含水量及无侧限抗压强度的影响，确定了作为铁路路基填料的石灰土最佳石灰配比及养护时间。

陈新民、罗国煌、李生林[51]用生石灰改良膨胀土，取得了明显的改良效果。

邬瑞光、张德才[52]分析了石灰土的无侧限抗压强度随石灰剂量、养护温度、龄期的增长规律。

张立新、王家澄[53]研究了石灰土的冻胀特性。

以上这些研究虽然侧重点不同，多是关注石灰改良土的基本力学性质以及石灰掺入量对石灰改良土强度提高的影响,在粉土方面应用不多,因此有必要进行粉土地区石灰土改良研究,为扩大粉土在路基工程中的应用提供参考和借鉴。

### 4.1.2 石灰改良粉土的机理

在土体中掺入石灰可提高土体强度、降低土体压缩性、改善土体变形特性,使石灰改良土具有良好的力学性能、整体性、水稳性和一定的抗冻性。此外,石灰改良土的初期强度较低,后期强度较高,表现出良好的施工性能。

土体中掺入石灰后,石灰中含有的钙、镁离子与土中的离子发生一系列物理、化学反应,使拌合土发生絮凝反应,微观上从胶凝向晶体进行转化,生成$Ca(OH)_2$、$CaCO_3$等物质,使石灰土的各种指标(刚度、强度、水稳定性、抗冻性)得到提高。

石灰与土的相互作用可分为以下几种:离子交换作用,碳酸化作用,凝胶反应,结晶作用,吸水、膨胀、发热作用。

#### 1. 离子交换作用

生石灰主要成分为 $CaO$ 和 $MgO$,在遇水消解时,产生 $Ca(OH)_2$ 和少量的 $Mg(OH)_2$,上述两种物质在土中水的作用下进一步离解:

$$Ca(OH)_2 = Ca^{2+} + 2(OH)^-$$

$$Mg(OH)_2 = Mg^{2+} + 2(OH)^-$$

离解产生的高价 $Ca^{2+}$、$Mg^{2+}$ 很容易置换黏土颗粒所收附的低价 $K^+$、$Na^+$ 等离子,带二价阳离子的黏土由于颗粒间吸引而凝聚团粒化,土粒比表面积减小,结合力增大。由于 $Ca^{2+}$、$Mg^{2+}$ 离子结合水膜较薄,因而由黏土颗粒结合而成的团粒结构也具有较薄的结合水膜,使黏土分散性、坍塌性、亲水性、黏附性和膨胀性降低,塑性指数下降并易于稳定成型。这个作用在消化反应早期进行迅速,是形成石灰土早期强度的主要原因之一。

#### 2. 碳酸化作用

消石灰在土中仍会不断和空气中的 $CO_2$ 作用。

$$Ca(OH)_2 + CO_2 = CaCO_3 + H_2O$$

$$Mg(OH)_2 + CO_2 = MgCO_3 + H_2O$$

反应过程在有水条件下进行,并随含水量增大而加快,因而石灰在养生期间应保持一定的含水量。$CaCO_3$ 是坚硬的结晶体,具有较高的强度和水稳定性,由于 $CaCO_3$ 对土的胶结作用使土体加固,形成石灰稳定土。由于空气中的 $CO_2$ 含量比较小,石灰土孔隙的连通性有限,因而 $Ca(OH)_2$、$Mg(OH)_2$ 的碳酸化作用是一个相当长的过程,故石灰土具有后期强度。

#### 3. 凝胶反应

在进行离子交换反应的后期,随着龄期增长,黏性土中的硅胶、铝胶与石灰进一步反应形成含水硅酸钙（$CaSiO_2 \cdot nH_2O$）、铝酸钙（$CaAl_2O_3 \cdot nH_2O$），这种凝胶物质具有水硬性，能够在固体与水的二相环境下发生硬化，在土的团粒外围形成一层稳定的保护膜，具有很强的黏结力，把土团粒胶结起来，形成网状结构，使石灰土强度增高并长期保持稳定。同时，保护膜还能起到隔离作用，阻止水分进入，提高石灰土强度和增强水稳定性。

### 4. 结晶作用

生石灰掺入土中的反应受到水分、黏土矿物含量和 $CO_2$ 含量等因素的限制，实际产生的离解、化学反应仅有少部分，绝大部分饱和 $Ca(OH)_2$ 在石灰土中自行结晶。

$$Ca(OH)_2 + nH_2O = Ca(OH)_2 \cdot nH_2O$$

$Ca(OH)_2 \cdot nH_2O$ 晶体同样也会把土粒胶结成整体，结晶的 $Ca(OH)_2$ 溶解度更小，进一步提高了石灰土的水稳定性。

### 5. 吸水、膨胀、发热作用

生石灰在土中产生消解作用的同时，还会伴有膨胀发热现象，使土体进一步挤密、脱水，降低土中含水量，进一步提高土体密实度。但在实际施工中，也必须注意其"负面"影响，保持一定的"闷料"时间再进行压实[54]。

## 4.1.3 石灰改良粉土试验结果分析

作为常用的改良材料，石灰因其价格低廉、施工方便被广泛应用于路基工程之中，本研究首先采用石灰作为固化剂进行研究，掺入比设计见表4-1。

表4-1 石灰土改良掺入比设计

| 改良方法 | 掺入比1 | 掺入比2 | 掺入比3 | 掺入比4 |
| --- | --- | --- | --- | --- |
| 石灰改良 | 2% | 4% | 6% | 8% |

### 1. 击实特性试验结果及分析

对掺入比为2%、4%、6%、8%的土样，采用重型击实试验确定各土样的最大干密度和最佳含水量，为后续试验压实度的控制提供依据。

各掺入比下的石灰改良土击实曲线如图4-1所示。

根据击实曲线确定得到各掺入比下改良土的最佳含水量和最大干密度见表4-2。

表4-2 石灰改良土的最佳含水量和最大干密度

| 掺入比 | 2% | 4% | 6% | 8% |
| --- | --- | --- | --- | --- |
| 最优含水量 | 14.218 | 14.070 | 14.010 | 14.082 |
| 最大干密度 | 1.715 | 1.706 | 1.702 | 1.707 |

图4-2所示为素土和石灰改良土最佳含水量、最大干密度比较图。从中可以发现，石灰改良土的最佳含水量略小于素土的最佳含水量，但相差不大；最大干密度

# 第 4 章 改良粉土填料性能分析

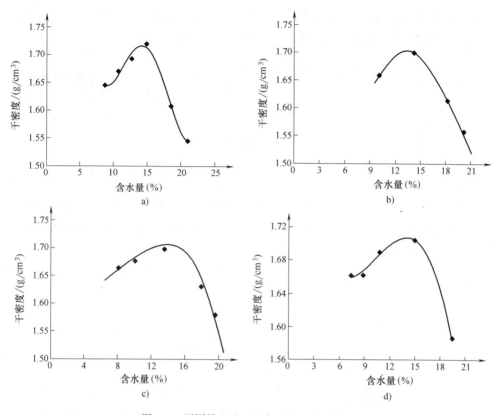

图 4-1 不同掺入比下石灰改良土击实曲线
a) 掺入比 2% b) 掺入比 4% c) 掺入比 6% d) 掺入比 8%

均小于素土的最大干密度；随着石灰掺入比的增加，干密度呈现减小的趋势。

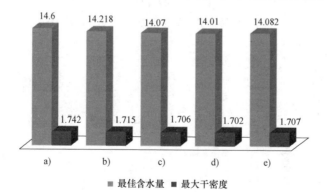

图 4-2 素土、石灰改良土最佳含水量、最大干密度对比图
a) 素土 b) 掺入比 2% c) 掺入比 4% d) 掺入比 6% e) 掺入比 8%

**2. 抗剪强度指标分析**

（1）掺入比对改良土抗剪强度的影响　在掺入比为 2%、4%、6%、8% 的情况

下，分别对压实度为 0.96 的土样进行直接剪切试验，试验所得剪应力-应变关系曲线形式及规律和素土规律相似；得到的抗剪强度指标见表 4-3。

表 4-3　直接剪切试验结果（压实度 0.96）

| 掺入比 | 黏聚力 $c$/kPa | 内摩擦角/(°) |
| --- | --- | --- |
| 0% | 10.4 | 31.2 |
| 2% | 12.1 | 30.2 |
| 4% | 17.0 | 31.2 |
| 6% | 18.1 | 31.7 |
| 8% | 17.5 | 31.9 |

压实度为 0.96 时，石灰改良土的黏聚力、内摩擦角与掺入比之间的关系分别如图 4-3 和图 4-4 所示。

从图 4-3 和图 4-4 中可以看出，随着掺入比的增加，石灰改良土的黏聚力先增

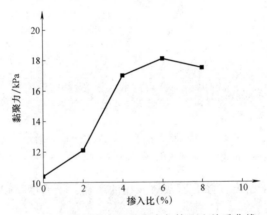

图 4-3　相同压实度下黏聚力与掺入比关系曲线

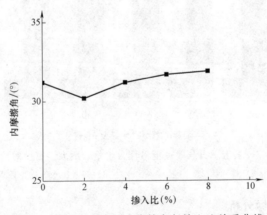

图 4-4　相同压实度下内摩擦角与掺入比关系曲线

大后减小，以掺入比 6%作为分界，且黏聚力主要增加段的掺入比为掺入比 2%到掺入比 4%段为黏聚力较快增加段，掺入比 4%到掺入比 6%段增加趋势变缓；相同压实度下，石灰改良土的内摩擦角随掺入比的增加变化不大。这说明，石灰改良在很大程度上增加了土体的黏聚力，而对内摩擦角的贡献较小。建议石灰掺入比取 4%~6%，此时对强度的贡献较大。

（2）压实度对改良土抗剪强度的影响　为了分析压实度对石灰改良土抗剪强度指标的影响，对掺入比 4%的石灰改良土样，分别在压实度为 0.96、0.94、0.93、0.90 时，进行了直接剪切试验，所得结果见表 4-4。

表 4-4　直接剪切试验结果

| 压实度 | 黏聚力 c/kPa | 内摩擦角/(°) |
| --- | --- | --- |
| 0.96 | 17.0 | 31.2 |
| 0.94 | 15.0 | 29.5 |
| 0.93 | 12.4 | 27.2 |
| 0.90 | 9.7 | 25.6 |

图 4-5 所示为该土样的压实度与黏聚力之间的关系曲线，从图中可以看出，相同掺入比下，石灰改良土样的黏聚力和压实度之间呈现折线式增长趋势，其中以压实度 0.93 到 0.94 增加速率最大。

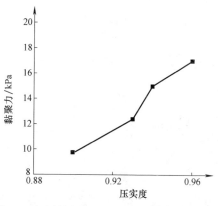

图 4-5　相同掺入比下土样黏聚力和压实度关系曲线

图 4-6 所示为该土样压实度与内摩擦角之间的关系曲线。从图中可以看出，相同掺入比下，石灰改良土样的内摩擦角随着压实度的增加而增大，折线形增长，其中以压实度 0.93 到 0.94 增加速率最大。

（3）养护龄期对改良土抗剪强度的影响　对压实度 0.96、掺入比 4%的石灰改良土土样，分别对养护 3 天、7 天、28 天，然后对土样进行直接剪切试验，试验结果见表 4-5。

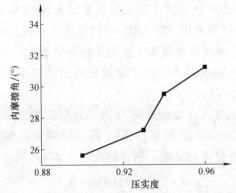

图 4-6　相同掺入比下土样内摩擦角与压实度关系曲线

表 4-5　直接剪切试验结果（压实度 0.96，掺入比 4%）

| 养护龄期 | 黏聚力 $c$/kPa | 内摩擦角/(°) |
| --- | --- | --- |
| 3 天 | 17.0 | 31.2 |
| 7 天 | 20 | 32.2 |
| 28 天 | 25 | 33.2 |

图 4-7 所示为该土样养护龄期和黏聚力之间的关系曲线。从图中可以看出，随着养护龄期的增长，土样的黏聚力增加，从第 3 天到第 7 天的时间段，黏聚力增加最快；之后增加速率变缓。

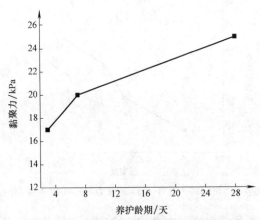

图 4-7　相同压实度、相同掺入比下黏聚力与养护龄期关系曲线

图 4-8 所示为该土样养护龄期和内摩擦角之间的关系曲线。从图中可以看出，随着养护龄期的增长，土样的内摩擦角增加，增加总量较小，只有 2°；从第 3 天到第 7 天的时间段，内摩擦角增加速率最快；之后增加速率变缓。

**3. 压缩特性分析**

（1）掺入比对土体压缩模量和压缩系数的影响　表 4-6 中给出了不同掺入比

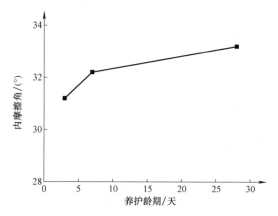

图 4-8　相同压实度、相同掺入比下内摩擦角与养护龄期关系曲线

下，压实度为 0.96 的土样压缩试验结果；图 4-9 所示为压实度为 0.96 时，石灰改良土的掺入比和压缩模量 $E_{s1-2}$ 关系曲线；图 4-10 所示为压实度为 0.96 时，石灰改良土掺入比和压缩系数 $a_{v1-2}$ 关系曲线。

表 4-6　石灰改良土不同掺入比下的压缩模量和压缩系数（压实度 0.96）

| 掺入比 | 0% | 2% | 4% | 6% |
|---|---|---|---|---|
| 压缩模量 $E_{s1-2}$/MPa | 13.83 | 14.96 | 16.47 | 17.32 |
| 压缩系数 $a_{v1-2}$/MPa$^{-1}$ | 0.116 | 0.109 | 0.099 | 0.095 |

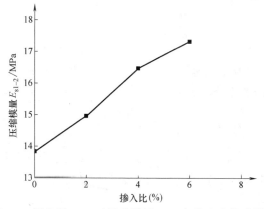

图 4-9　压实度 0.96 时压缩模量 $E_{s1-2}$ 与掺入比关系曲线

从图 4-9 可以看出，随着掺入比的增加，土样压缩模量整体呈增加趋势，其中当掺入比从 2% 增加到 4% 区段，压缩模量增加速率最大；掺入比超过 4%，增加速率变缓。

从图 4-10 可以看出，随着掺入比的增加，土样压缩系数整体呈降低趋势，其中当掺入比从 2% 增加到 4% 区段，压缩系数降低速率最大；掺入比超过 4%，增加

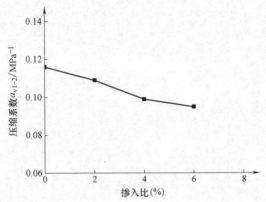

图 4-10　压实度 0.96 时压缩系数 $a_{v1-2}$ 与掺入比关系曲线

速率变缓。当掺入比为 4% 时，土样的压缩系数降低到 0.1 以内，此时土样被判定为低压缩性土，也就是说，当掺入比达到 4% 以后，土样的压缩性更加利于路基工程使用。4% 可以界定为压实性能较好的掺入比。

（2）压实度对土体压缩模量和压缩系数的影响　基于上面的分析，掺入比 4% 时的土样具有较好的强度和较低的压缩性，因此在掺入比 4% 时，对 0.96、0.94、0.93 压实度的改良土分别进行了压缩试验，所得结果见表 4-7。

表 4-7　石灰改良土不同压实度下的压缩模量和压缩系数（掺入比 4%）

| 压实度 | 0.96 | 0.94 | 0.93 |
| --- | --- | --- | --- |
| 压缩模量 $E_{s1-2}$/MPa | 16.47 | 16.32 | 15.80 |
| 压缩系数 $a_{v1-2}$/MPa$^{-1}$ | 0.099 | 0.101 | 1.106 |

图 4-11 和图 4-12 所示为掺入比 4% 时石灰改良土压缩模量 $E_{s1-2}$ 和压缩系数 $a_{v1-2}$ 与土样压实度的关系曲线。

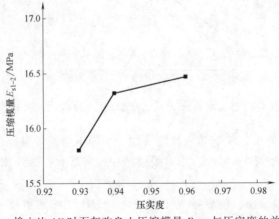

图 4-11　掺入比 4% 时石灰改良土压缩模量 $E_{s1-2}$ 与压实度的关系曲线

从图 4-11 所示中可以看出，随着压实度的增加，土样压缩模量整体呈增加趋势，其中当压实度在 0.93 至 0.94 区段，压缩模量增加速率最大；压实度超过 0.94 后，增加速率变缓，说明压实度的进一步增加对压缩模量的贡献较小。

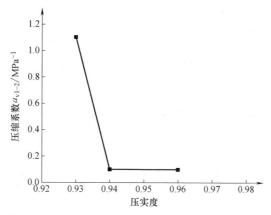

图 4-12　掺入比 4%时石灰改良土压缩系数 $a_{v1\text{-}2}$ 与压实度的关系曲线

从图 4-12 所示可以看出，随着压实度的增加，土样的压缩系数整体呈降低趋势，其中当压实度在 0.93 至 0.94 区段，压缩系数降低速率最大；压实度超过 0.94 后，降低速率变缓。压实度为 0.94 的土样和压实度为 0.96 的土样表现出近乎相当的压缩系数，说明压实度的进一步增加对压缩系数的影响不大。

综上可得出：工程中常用的压实度 0.96 是最佳压缩性能指标控制值。

4. CBR 值分析

（1）相同压实度下，不同掺入比对 CBR 值的影响　在最佳含水量下，对掺入比为 2%、4%、6% 的石灰改良土样在压实度 0.96 下进行制样，并经过 96h 的养护之后进行 CBR 测试。图 4-13 所示为掺入比 6%时三个平行试样的单位压力与贯入量关系曲线。

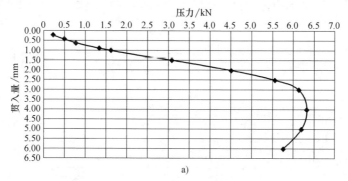

图 4-13　压力与贯入量关系曲线（压实度 0.96，掺入比 6%）
a）平行试样 1

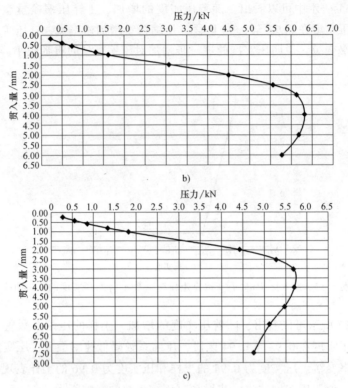

图 4-13 压力与贯入量关系曲线（压实度 0.96，掺入比 6%）（续）
b）平行试样 2  c）平行试样 3

如图 4-13 所示，石灰改良土样三个平行试样的单位压力与贯入量曲线均出现不同程度的反弯点，即当超过一定贯入量时，随贯入量的增加，单位压力减小。在压实度为 0.96 时，掺入比为 2%、4% 的土样表现出相似的性质。这和素土呈现一定差异，压实度为 0.96 时，素土的单位压力与贯入量关系曲线如图 4-14 所示。

表 4-8 中给出了不同掺入比下压实度为 0.96 的石灰改良土的 CBR 值。

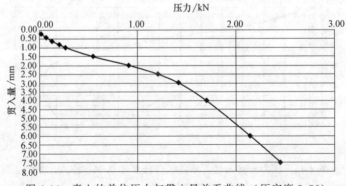

图 4-14 素土的单位压力与贯入量关系曲线（压实度 0.96）

表 4-8　石灰改良土不同掺入比下的 CBR 值（压实度 0.96）

| 掺入比 | 0% | 2% | 4% | 6% |
|---|---|---|---|---|
| CBR 值 | 8.7 | 32.0 | 39.5 | 42.5 |

图 4-15 所示为压实度为 0.96 时改良土样不同掺入比下的 CBR 值。

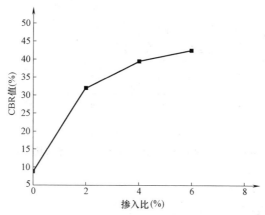

图 4-15　掺入比和 CBR 值关系曲线（压实度 0.96）

从图 4-15 可以看出，相同压实度下，改良土样的 CBR 值随着石灰掺入比的增加而增大。当掺入比从 0 增大到 2%，CBR 值出现了急剧增大，增加了 23.3；当掺入比从 2% 增大到 4%，CBR 值只增加了 7.5；当掺入比从 4% 增大到 6%，CBR 值只增加了 3。CBR 值增加速率随着石灰掺入比的增加而降低。这说明，少量石灰的掺入即可迅速提高土样的 CBR 值。

（2）相同掺入比下，不同压实度对 CBR 值的影响　为研究相同掺入比下土样压实度对 CBR 值的影响，对掺入比为 4% 的土样，分别进行了压实度为 0.93、0.94、0.96 时的 CBR 试验。表 4-9 给出了试验结果，图 4-16 所示为掺入比为 4% 时压实度和 CBR 值关系曲线。

表 4-9　石灰改良土不同压实度下的 CBR 值（掺入比 4%）

| 压实度 | 0.96 | 0.94 | 0.93 |
|---|---|---|---|
| CBR 值 | 39.5 | 22.5 | 17.2 |

如图 4-16 所示，石灰改良土样的 CBR 值随压实度的增加而增大，且较高压实度下的增加速率大于较低压实度下的增加速率；压实度从 0.94 到 0.96 段，CBR 值的增加速率显著大于压实度从 0.93 到 0.94 段的增加速率。

图 4-17 所示为掺入比为 4%，压实度为 0.96、0.94、0.93 时石灰改良土样的压力和贯入量之间的关系曲线。从图中可以看出，随着压实度的降低，曲线上的反弯点消失，向转折点过渡，土样逐渐从应变软化向应变硬化过渡。

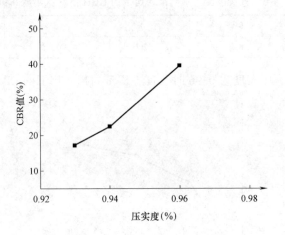

图 4-16 压实度和 CBR 值关系曲线（掺入比 4%）

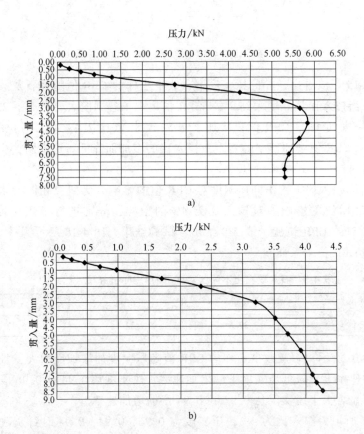

图 4-17 相同掺入比不同压实度下压力和贯入量关系曲线（掺入比 4%）
a）压实度 0.96 b）压实度 0.94

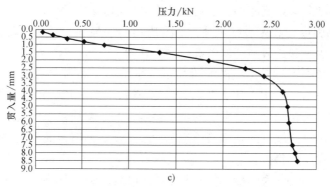

图 4-17 相同掺入比不同压实度下压力和贯入量关系曲线（掺入比 4%）（续）

c）压实度 0.93

**5. 渗透特性分析**

对压实度 0.94、掺入比 4% 的石灰改良土样进行渗透特性分析，试验结果见表 4-10。

表 4-10 掺入比 4% 的石灰改良土渗透特性试验记录表（压实度 0.94）

| 时间 $t/s$ | 水头 $h_1/cm$ | 水头 $h_2/cm$ | 2.3aL/At /cm·s$^{-1}$ | lg($h_1/h_2$) | 水温 $t/℃$ 时的渗透系数/(cm/s) | 水温 /℃ | 校正系数 $\eta_T/\eta_{20}$ | 渗透系数 $k_{20}$/(cm/s) | 平均渗透系数 $k_{20}$/(cm/s) |
|---|---|---|---|---|---|---|---|---|---|
| 330 | 160 | 110 | 0.001143 | 0.162727 | 0.000186 | 17 | 1.088 | 0.000202 | |
| 358 | 150 | 100 | 0.00104 | 0.176091 | 0.000186 | 17 | 1.088 | 0.000202 | 0.0001985 |
| 428 | 145 | 90 | 0.000881 | 0.207125 | 0.000183 | 17 | 1.088 | 0.000199 | |
| 289 | 150 | 110 | 0.001305 | 0.134699 | 0.000176 | 17 | 1.088 | 0.000191 | |

从表 4-10 可以看出，压实度为 0.94 时，石灰改良土的渗透系数为 $1.985 \times 10^{-4}$ cm/s，小于压实度为 0.94 时素土的渗透系数 $2.42 \times 10^{-4}$ cm/s；说明掺入比 4% 的石灰改良对土体的渗透性起到了减小的作用，减小了 17.9%。

## 4.2 水泥改良粉土性能研究

### 4.2.1 水泥改良粉土研究现状

水泥改良土是一种性能良好、价格低廉的土工改良材料。利用各种机械碾压设备将其碾压成型，再经过适当的养护期，即可使改良土体具有一定的力学强度和耐久性能。因而，这种改良材料越来越引起人们的兴趣和研究，大部分集中在水泥改良土的强度研究方面。

肖林、王春义、郭汉生[55]得出了填料粒径和级配对水泥改良土的抗压强度有很大影响。通过试验发现，增加土中粗粒土含量可提高水泥改良土的强度，且随着黏粒含量增加水泥改良土的强度逐渐降低。在研究了黏土和粉砂配制成的水泥改良土的抗压强度与龄期之间的关系后,认为可以用龄期1天和2天的强度预测龄期7天和28天的强度,其方法有两种:一是应用后期强度与早期强度的平均比值预测;二是应用1天和2天强度的图解外插法预测。

孙立川、韩杰[56]对比了淤泥质黏土、粉质黏土和粉土三种水泥改良土的抗压强度。结果表明:在灰土比为10%时,粉质黏土的抗压强度高于粉土的抗压强度,但是随着掺灰量的增加,粉土的抗压强度却高于粉质黏土的抗压强度,说明水泥改良后的粉土抗压强度的增加要敏感于粉质黏土;同时淤泥质黏土的抗压强度要比其他两种水泥土低得多。

卢肇均[57]、黄鹤[58]认为,28天时水泥改良土的抗压强度等于养护龄期为7天时的1.4倍。水泥改良土的强度随着龄期的增长而提高,一般当龄期超过28天后仍有明显增长。当龄期超过90天后,水泥土的强度增长逐渐趋于平缓。因此,水泥土选用90天龄期的强度作为标准强度比较合适。

倪军、王德晓等[59]等通过对C组填料土中的一种填料进行不同掺入料、不同掺入比改良土的物理力学特性试验,得出水泥土的最大干容重和最佳含水量随掺入量的变化不大,水泥的剂量对水泥土强度的影响显著,随掺入量的增加而增大。根据室内试验和高速铁路路基基床底层的要求,给出了该填料改良土掺入比,并指出实际施工时应比试验时提高0.5%~1.0%,一般采用集中厂拌法施工,只可增加0.5%;采用路拌法施工时,宜增加1%。

高亚成、郑建青[60]得出水泥改良土的无侧限抗压强度随土样含水量的降低而增大的结论,在一般情况下,土样含水量每降低10%,强度可增加10%~50%。

此外,国内还有许多学者的研究聚焦在冻融循环对水泥改良土的力学性质的影响上。

周丽萍、申向东等[61]等研究了冻融循环对水泥土力学性质的影响,分析了几种外掺剂对水泥土冻融循环前后无侧限抗压强度的影响及作用,结果表明水泥土中通过添加适量的外掺剂,能够达到提高水泥土强度和抗冻耐久性能。

宁宝宽、陈四利等[62]对黏土和淤泥质土试样进行了不同水泥掺量、不同龄期的冻融循环试验,得出以下结论:水泥土具有一定的抗冻性能,当水泥掺入比为10%~15%,水泥土的抗冻性最佳;土质对水泥土抗冻性能有显著的影响,在同等条件下,黏土水泥土比淤泥质土水泥土的抗冻性能好。

马卉、张志良等[63]通过试验发现,掺入水泥可以有效提高冻土的力学参数,而且水泥掺量越大,冻土强度越高,弹性模量也越大。当水泥掺量小于5%时,掺入水泥对冻土单轴抗压强度和弹性模量的提高作用不明显,所以在实际施工中应控制土层水泥掺量不小于5%。

综上所述,国内学者对水泥改良土的强度、掺入比、抗冻性能等方面均具有了一定研究,但研究领域多针对黏土,粉土的研究与应用还不广泛,因此有必要进行粉土中的水泥土改良研究。

## 4.2.2 水泥改良粉土的机理

水泥是一种水硬性胶结料，使用水泥稳定的材料，能够较好地改善其结构的物理力学性能，改良后的材料往往具有良好的整体性、强度、刚度、抗冻性以及初期强度增大比较快等特点，且多适用于不同的水文与地质条件。目前，水泥改良土在我国道路工程中应用比较广泛，是我国常见的路基基层结构形式之一。

在水泥掺入材料的过程中，水泥和材料之间会发生很多复杂的反应，使之前材料的整体性能发生变化。这其中包括对材料的物理作用和化学作用，物理作用如颗粒本身的颗粒粉碎、混合料的拌和以及压实，水泥及其水化产物对颗粒的吸附与凝结，化学作用如水和水化产物的渗透与扩散，如水泥的水化与硬化，以及矿物质颗粒与水泥的化学作用。

**1. 水泥遇水的水化作用**

在水泥稳定的材料中，首先发生水泥和水的水合反应，从而产生具有黏合能力的紧密连接聚集体的水合产物。这也是水泥稳定材料提高水泥土早期强度的主要来源。这些作用的主要过程如下。

硅酸二钙：$2(2CaO \cdot SiO_2) + 4H_2O = 3CaO \cdot 2SiO_2 \cdot 3H_2O + Ca(OH)_2$

硅酸三钙：$2(3CaO \cdot SiO_2) + 6H_2O = 3CaO \cdot 2SiO_2 \cdot 3H_2O + 3Ca(OH)_2$

铝酸三钙：$3CaO \cdot Al_2O_3 + 6H_2O = 3CaO \cdot Al_2O_3 \cdot 6H_2O$

铁铝酸四钙：$4CaO \cdot Al_2O_3 \cdot Fe_2O_3 + 7H_2O = 3CaO \cdot Al_2O_3 \cdot 6H_2O + CaO \cdot Fe_2O_3 \cdot H_2O$

在水泥水化产生水化产物后，颗粒通过水化产物相互缠结，水合产物被包裹和聚集，随着水泥水化产物的增加，水泥稳定的混合物逐渐具有一定的强度。

**2. 离子交换作用**

硅酸盐水泥中，主要成分是硅酸二钙和硅酸三钙，当这两种物质发生水化反应后所产生的 $Ca(OH)_2$ 所占的比例较高。大量的 $Ca(OH)_2$ 溶于水以后，在水泥稳定类材料中形成了一个富含 $Ca^{2+}$ 的环境。因为环境中还含有 $K^+$、$Na^+$ 等离子，而 $Ca^{2+}$ 电价高于 $K^+$、$Na^+$ 等离子，所以 $Ca^{2+}$ 与电位离子吸引较强，从而取代了 $K^+$、$Na^+$ 等离子，与此同时 $Ca^{2+}$ 的电位层会降低，且速度越来越快，这样使基层材料颗粒之间的距离越来越小，相互靠拢，从而使水泥稳定材料具有了一定强度和稳定性。

**3. 化学激发作用**

集料的基本组成属于硅酸盐，这些集料在通常的情况下具有比较高的温度稳定性，但当周围环境的 pH 值达到一定程度时，集料颗粒中部分 $SiO_2$ 和 $Al_2O_3$ 的活性被激发出来，与环境中的 $Ca^{2+}$ 进行化学反应，从而生成了新的物质，这些新的物质主要是硅酸盐以及铝酸盐系列，如：$4CaO \cdot 5SiO_2 \cdot 5H_2O$、$4CaO \cdot Al_2O_3 \cdot 19H_2O$、

$3CaO \cdot Al_2O_3 \cdot 16H_2O$、$CaO \cdot Al_2O_3 \cdot 10H_2O$ 等。这些新产生的矿物与水泥水化产生的物质在组成和结构上有很多相似之处，并且具有一定的胶结能力。

**4. 碳酸化作用**

水泥在发生水化反应后会生成一种物质 $Ca(OH)_2$，这种物质不仅会与集料颗粒发生化学反应，还可以与空气中的 $CO_2$ 发生碳化反应，进一步生成碳酸钙晶体。其反应内容如下：

$$Ca(OH)_2 + CO_2 + nH_2O = CaCO_3 + (n+1)H_2$$

碳酸钙生成后会发生体积膨胀，也可以对集料颗粒间空隙起到填充以及加固水泥稳定类材料的作用，只是这种作用比较其他相对较弱，反应缓慢，过程较长。

### 4.2.3 水泥改良粉土试验结果与分析

作为比选的改良材料，水泥因其对路基强度和水稳定有一定的增强作用，且易于获得，施工方便，因此也被广泛应用于路基工程之中，接下来，本研究采用水泥作为固化剂进行研究。表 4-11 中给出了掺入比设计。

表 4-11 水泥土改良掺入比

| 改良方法 | 掺入比 1 | 掺入比 2 | 掺入比 3 | 掺入比 4 |
| --- | --- | --- | --- | --- |
| 水泥改良 | 2% | 4% | 6% | 8% |

**1. 击实特性分析**

对掺入比分别为 2%、4%、6%、8% 的土样，采用重型击实试验确定各土样的最大干密度和最佳含水量，为后续试验压实度的控制确定依据。

各掺入比下的水泥改良土击实曲线如图 4-18 所示。

根据击实曲线确定得到各掺入比下改良土的最佳含水量和最大干密度见表 4-12，图 4-19 中给出了素土、水泥改良土最佳含水量、最大干密度的对照图。

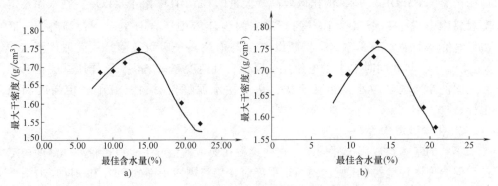

图 4-18 不同掺入比下水泥改良土击实曲线
a) 掺入比 2% b) 掺入比 4%

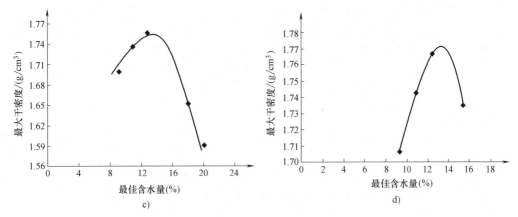

图 4-18 不同掺入比下水泥改良土击实曲线（续）
c）掺入比 6%　d）掺入比 8%

表 4-12　水泥改良土的最佳含水量和最大干密度

| 掺入比 | 2% | 4% | 6% | 8% |
| --- | --- | --- | --- | --- |
| 最优含水量 | 14.205 | 14.028 | 14.05 | 13.297 |
| 最大干密度 | 1.742 | 1.748 | 1.756 | 1.771 |

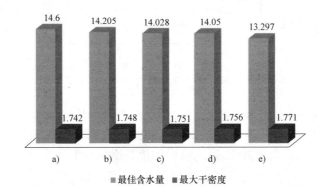

图 4-19　素土、水泥改良土最佳含水量、最大干密度对比图
a）素土　b）2%水泥　c）4%水泥　d）6%水泥　e）8%水泥

从图 4-19 可以发现，水泥改良土的最佳含水量均小于素土的最佳含水量，且相差不大；最大干密度均大于素土的最大干密度；且随着掺入比的增加，干密度呈增加趋势。

**2. 抗剪强度指标分析**

（1）掺入比对改良土抗剪强度的影响　在掺入比为 0，2%，4%，6%，8% 的情况下，分别对压实度为 0.96 的土样进行直接剪切试验，试验所得剪应力-应变关系曲线形式及规律，和素土相似；由此得到的抗剪强度确定图形式及规律同前所述，得到的抗剪强度指标见表4-13。

表 4-13　直接剪切试验结果（压实度 0.96）

| 掺入比 | 黏聚力 $c$/kPa | 内摩擦角/(°) |
| --- | --- | --- |
| 0% | 10.4 | 31.2 |
| 2% | 20.8 | 31.7 |
| 4% | 25.0 | 32.5 |
| 6% | 28.0 | 32.9 |
| 8% | 29.3 | 33.2 |

压实度 0.96 下，水泥改良土的黏聚力和内摩擦角与掺入比之间的关系分别如图 4-20 和图 4-21 所示。

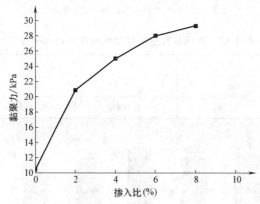

图 4-20　相同压实度下黏聚力与掺入比关系曲线

从图 4-20 可以看出，随着掺入比的增加，水泥改良土的黏聚力显著增加，且黏聚力主要增加段的掺入比为 0 到 2% 段，此后 2% 到 4% 段，4% 到 6% 段，6% 到 8% 段增加趋势变缓；以掺入比超过 6% 时的增加速率最小。

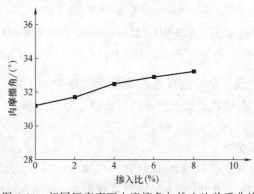

图 4-21　相同压实度下内摩擦角与掺入比关系曲线

从图 4-21 可以看出，相同压实度下，水泥改良土的内摩擦角随掺入比的增加略有增大，但增幅较小，这说明内摩擦角在很大程度上取决于土体自身的结构和颗粒成分，与掺入比关系不是很大。

建议水泥掺量取 4%~6%，此时对强度的贡献较大；此外水泥掺量过大易出现裂缝，因此，可以将水泥的最佳掺量也控制在 4% 左右。

（2）压实度对改良土抗剪强度的影响　为了分析压实度对水泥改良土抗剪强度指标的影响，对掺入比为 4% 水泥改良土土样，分别在压实度 0.96、0.94、0.93、0.90 的情况下，进行直接剪切试验，所得试验结果见表 4-14。

表 4-14　直接剪切试验结果

| 压实度 | 黏聚力 c/kPa | 内摩擦角/(°) |
| --- | --- | --- |
| 0.96 | 25.0 | 32.5 |
| 0.94 | 20 | 30.4 |
| 0.93 | 17.7 | 29.0 |
| 0.90 | 15.0 | 28.0 |

图 4-22 所示为该土样的压实度与黏聚力之间的关系曲线。从图中可以看出，相同掺入比下，水泥改良土样的黏聚力和压实度之间呈现折线式增长的趋势，且随着压实度的增加，黏聚力增加速率增大。

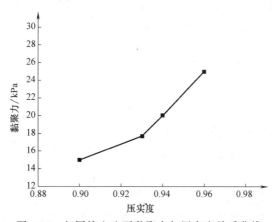

图 4-22　相同掺入比下黏聚力与压实度关系曲线

图 4-23 所示为该土样压实度与内摩擦角之间的关系曲线。从图中可以看出，相同掺入比下，水泥改良土样的内摩擦角和压实度之间呈现折线式增长趋势，且随着压实度的增加，内摩擦角增加速率增大。

（3）养护龄期对改良土抗剪强度的影响　对压实度 0.96，水泥掺量 4% 的水泥改良土，分别对养护 3 天、7 天、28 天的土样进行直接剪切试验，所得试验结果见表 4-15。

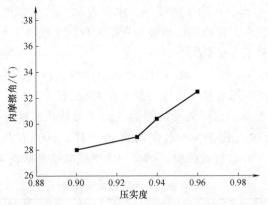

图 4-23 相同掺入比下内摩擦角与掺入比关系曲线

表 4-15 直接剪切试验结果（压实度 0.96，掺入比 4%）

| 养护龄期 | 黏聚力 $c$/kPa | 内摩擦角/(°) |
| --- | --- | --- |
| 3 天 | 25 | 32.5 |
| 7 天 | 26.3 | 33.2 |
| 28 天 | 28.0 | 35.6 |

图 4-24 所示为该土样养护龄期和黏聚力之间的关系曲线。从图中可以看出，随着养护龄期的增长，土样的黏聚力增加，但增加量较小；从 3 天到 7 天的时间段，黏聚力增加最快，之后增加速率变缓。

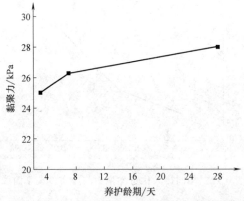

图 4-24 相同压实度、相同掺入比下黏聚力与养护龄期关系曲线

图 4-25 所示为该土样养护龄期和内摩擦角之间的关系曲线。从图中可以看出，随着养护龄期的增长，土样的内摩擦角增加，增加总量较小，只有 3°；从 3 天到 7 天的时间段内摩擦角增加速率稍快于 7 天到 27 天的增加速率。

3. 压缩特性分析

（1）掺入比对土体压缩模量和压缩系数的影响　表 4-16 给出了不同掺入比下，

压实度为 0.96 的土样的压缩试验结果；图 4-26 中给出了压实度为 0.96 时，水泥改良土的掺入比和压缩模量 $E_{s1-2}$ 关系曲线；图 4-27 所示给出了压实度为 0.96 下，水泥改良土的掺入比和压缩系数 $a_{v1-2}$ 关系曲线。

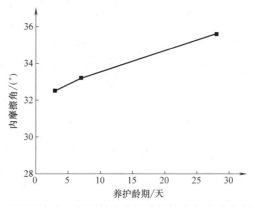

图 4-25　相同压实度、相同掺入比下内摩擦角与养护龄期关系曲线

表 4-16　水泥改良土不同掺入比下的压缩模量和压缩系数（压实度 0.96）

| 掺入比 | 0% | 2% | 4% | 6% |
|---|---|---|---|---|
| 压缩模量 $E_{s1-2}$/MPa | 13.83 | 15.71 | 16.98 | 17.67 |
| 压缩系数 $a_{v1-2}$/MPa$^{-1}$ | 0.116 | 0.101 | 0.096 | 0.090 |

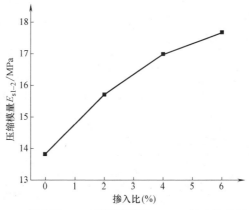

图 4-26　压实度 0.96 下压缩模量 $E_{s1-2}$ 与掺入比关系曲线

从图 4-26 可以看出，随着掺入比的增加，土样压缩模量整体呈增加趋势，但各段的增加速率呈现减小趋势，当掺入比从 0% 增加到 2% 区段，压缩模量增加速率最大；从 2% 增加到 4% 区段，增加速率变缓；从 4% 增加到 6% 区段，增加速率更缓；各段增加速率依次呈递减趋势。

从图 4-27 可以看出，随着掺入比的增加，土样压缩系数整体呈降低趋势，其

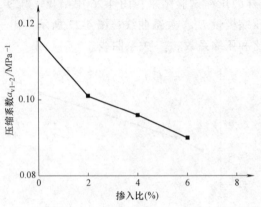

图 4-27　压实度 0.96 时压缩系数 $a_{v1-2}$ 与掺入比关系曲线

中当掺入比从 0% 增加到 2% 区段，压缩系数降低速率最大；超过 2%，增加速率变缓。当掺入比为 2% 时，土样的压缩系数降低到 0.1 以内，此时土样被判定为低压缩性土，也就是说，当掺入比达到 2% 以后，土样的压缩性更加利于路基工程使用。

（2）压实度对土体压缩模量和压缩系数的影响　基于上面的分析，掺入比 4% 时的土样具有较好的强度和较低的压缩性，因此，在掺入比 4% 时，对压实度 0.96、0.94、0.93 的水泥改良土分别进行压缩试验，所得结果见表 4-17；图 4-28 所示为掺入比为 4% 时，水泥改良土的压实度和压缩模量 $E_{s1-2}$ 关系曲线；图 4-29 所示为掺入比为 4% 时，水泥改良土的压实度和压缩系数 $a_{v1-2}$ 关系曲线。

表 4-17　水泥改良土不同压实度下的压缩模量和压缩系数（掺入比 4%）

| 压实度 | 0.96 | 0.94 | 0.93 |
| --- | --- | --- | --- |
| 压缩模量 $E_{s1-2}$/MPa | 16.98 | 16.67 | 15.87 |
| 压缩系数 $a_{v1-2}$/MPa$^{-1}$ | 0.096 | 0.099 | 0.104 |

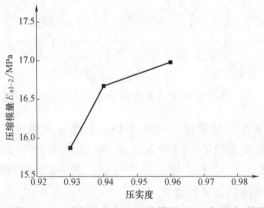

图 4-28　掺入比 4% 时水泥改良土压缩模量 $E_{s1-2}$ 与压实度关系曲线

从图 4-28 可以看出，随着压实度的增加，土样压缩模量整体呈增加趋势，其中当压实度从 0.93 增加到 0.94 区段，压缩模量增加速率最大；压实度超过 0.94，增加速率变缓，说明压实度的进一步提高对压缩模量的贡献较小。

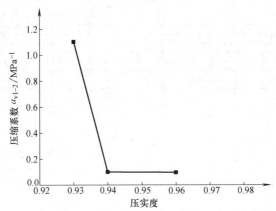

图 4-29　掺入比 4% 时水泥改良土压缩系数 $a_{v1\text{-}2}$ 与压实度关系曲线

从图 4-29 可以看出，随着压实度的增加，土样压缩模量与压缩系数整体呈降低趋势，其中当压实度从 0.93 至 0.94 区段，压缩系数降低速率最大；压实度超过 0.94，增加速率变缓。压实度为 0.94 的土样和压实度为 0.96 的土样表现出近乎相当的压缩系数，说明压实度的进一步提高对压缩系数的影响不大。说明工程中常用的 0.96 压实度是最佳的压缩性能指标控制值。

4. CBR 值分析

（1）相同压实度下，不同掺入比对 CBR 值的影响　在最佳含水量下，对掺入比为 2%、4%、6% 的水泥改良土样在压实度 0.96 下进行制样，并经过 96h 的养护之后进行 CBR 测试。图 4-30 所示为掺入比 6% 时三个平行试样的单位压力与贯入量关系曲线。

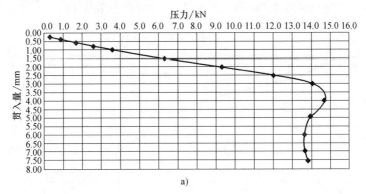

图 4-30　压力与贯入量关系曲线（压实度 0.96，掺入比 6%）
a）平行试样 1

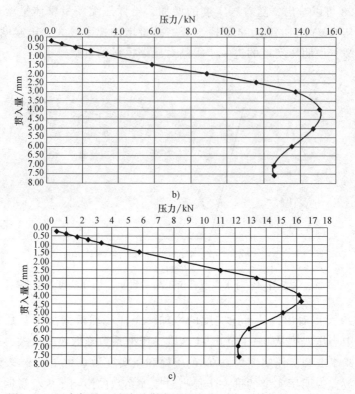

图 4-30 压力与贯入量关系曲线（压实度 0.96，掺入比 6%）（续）
b) 平行试样 2　c) 平行试样 3

如图 4-30 所示，水泥改良土样三个平行试样的压力与贯入量曲线均出现不同程度的反弯点，即当超过一定贯入量时，随贯入量的增加，单位压力减小。在压实度为 0.96 时，掺入比 2%、4% 的土样也表现出相似的性质。同素土也呈现一定差异。

图 4-31 所示为相同压实度下素土压力与贯入量的关系曲线。

不同掺入比时压实度 0.96 的水泥改良土 CBR 值见表 4-18。

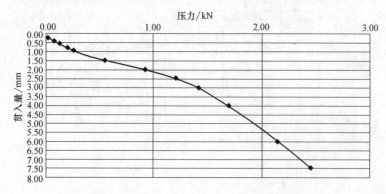

图 4-31 素土单位压力与贯入量的关系曲线（压实度 0.96）

# 第 4 章 改良粉土填料性能分析

表 4-18 水泥改良土不同配合比下的 CBR 值（压实度 0.96）

| 掺入比 | 0% | 2% | 4% | 6% |
|---|---|---|---|---|
| CBR 值 | 8.7 | 48.0 | 80.0 | 98.3 |

图 4-32 所示为压实度 0.96 时水泥改良土样掺入比和 CBR 值之间的关系曲线。

从图 4-32 可以看出，相同压实度下，水泥改良土样的 CBR 值随着水泥掺入比的增加而增大；当掺入比从 0 增大到 2%，CBR 值急剧增大，增加了 39.3；当掺入比从 2% 增大到 4%，CBR 值继续增加，增加了 32；当掺入比从 4% 增大到 6%，CBR 值只增加了 18.3；增加速率在掺入比为 4% 以前相差较小；

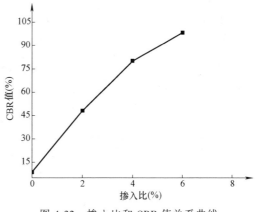

图 4-32 掺入比和 CBR 值关系曲线
（压实度 0.96）

随着掺入比进一步增加，CBR 值增加速率降低。这说明，少量的水泥掺入即可迅速提高土样的 CBR 值，且 4% 以下的掺量对 CBR 值的提高较快。

（2）相同掺入比下，不同压实度对 CBR 值的影响 为研究相同掺入比下土样压实度对 CBR 值的影响，对掺入比 4% 的土样，分别进行压实度 0.90、0.93、0.94、0.96 下的 CBR 试验，试验结果见表 4-19；图 4-33 所示为掺入比 4% 时，压实度和 CBR 值关系曲线。

表 4-19 水泥改良土不同压实度下的 CBR 值（掺入比 4%）

| 压实度 | 0.96 | 0.94 | 0.93 |
|---|---|---|---|
| CBR 值 | 80.3 | 64.7 | 58.6 |

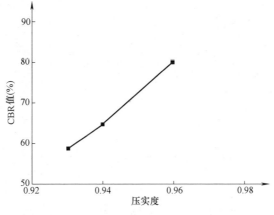

图 4-33 压实度和 CBR 值关系曲线（掺入比 4%）

从图4-33可以看出，水泥改良土样的CBR值随压实度的增加而增大，且较高压实度下的增加速率大于较低压实度下的增加速率；从压实度0.94到压实度0.96，CBR值的增加速率显著大于压实度0.93到压实度0.94段的增加速率。

图4-34所示为掺入比4%时，压实度0.96、0.94、0.93下水泥改良土样的压力和贯入量之间的关系曲线，随着压实度的降低，曲线上反弯点出现的位置逐渐出现回缩，对应的压力值降低；但各曲线都有反弯点存在，土样逐渐呈应变软化趋势。

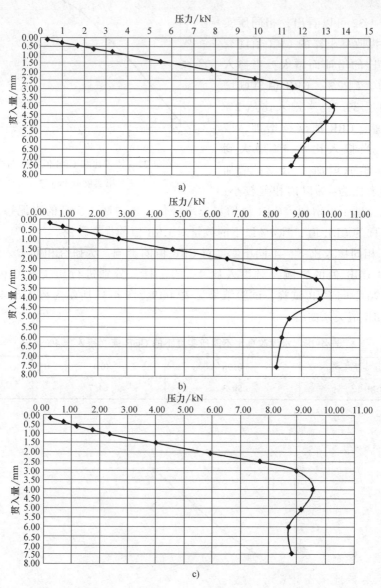

图4-34 压力和贯入量关系曲线（掺入比4%）
a）压实度0.96 b）压实度0.94 c）压实度0.93

**5. 渗透特性分析**

对压实度 0.94、掺入比 4% 的水泥改良土样养护 3 天后，进行渗透特性分析，试验结果见表 4-20。

表 4-20　掺入比 4% 的水泥改良土渗透特性试验记录表（压实度 0.94）

| 时间 $t$/s | 水头 $h_1$/cm | 水头 $h_2$/cm | 2.3aL/At /cm·s$^{-1}$ | lg($h_1/h_2$) | 水温 $t$℃ 时的渗透系数/(cm/s) | 水温 /℃ | 校正系数 $\eta_T/\eta_{20}$ | 渗透系数 $k_{20}$/(cm/s) | 平均渗透系数 $k_{20}$ /(cm/s) |
|---|---|---|---|---|---|---|---|---|---|
| 234 | 160 | 105 | 0.001612 | 0.182931 | 0.000295 | 17 | 1.088 | 0.000321 | |
| 246 | 165 | 110 | 0.001533 | 0.176091 | 0.00027 | 17 | 1.088 | 0.000294 | |
| 283 | 155 | 100 | 0.001333 | 0.190332 | 0.000254 | 17 | 1.088 | 0.000276 | 0.000276 |
| 359 | 150 | 90 | 0.001051 | 0.221849 | 0.000233 | 17 | 1.088 | 0.000254 | |
| 367 | 155 | 95 | 0.001028 | 0.212608 | 0.000219 | 17 | 1.088 | 0.000238 | |

从表 4-20 中可以看出，在压实度 0.94 下，水泥改良土的渗透系数为 $2.76×10^{-4}$ cm/s，略大于压实度 0.94 时素土的渗透系数 $2.42×10^{-4}$ cm/s；说明掺入比 4% 的水泥改良对土体的渗透性起到了增加的作用，增加了 14%。

## 4.3　掺加黏土改良粉土

### 4.3.1　黏土改良粉土的机理

通过地勘报告和现场取样，发现在含砂粉土上方，存在 2~3m 左右含有黏性土的土层，粉土应用在路基工程中最大的问题就是黏粒的缺乏，若用这层黏土掺入到粉土中，会起到一定的改良效果。改良机理就是利用黏性土来填充粉土颗粒之间的孔隙，通过改良土的颗粒级配来达到增加强度、减小渗透性的目的。

### 4.3.2　掺料的颗粒级配分析

表 4-21 中给出了该层黏土的颗粒级配数据。

从表 4-21 中的数据得出土样颗粒成分如下：细砾 0.28%、粗砂 0.14%、中砂 0.06%、细砂 3.385、粉粒 71.61%、黏粒 24.53%。

土样大部分成分为粉粒和黏粒，这两种成分占总量的 96.14%，根据《公路土工试验规程》可将其判定为粉质土。图 4-35 所示为该粉质土颗粒级配曲线。从图中可以判别，该土属于粉土的范畴，级配不良，但比原状土——含砂粉土含有较多的黏土颗粒，因此工程性质略好；但由于该土中黏粒含量较少，且在本工程段这种土样含量较少，因此采用 1∶1 的掺入比，对含砂粉土进行改良；且改良后的特性比水泥、石灰改良弱，因此，建议使用在路基的压实度 0.94、0.93 区段。

表 4-21　粉质土颗粒级配试验记录

取土部位：大兴  
风干土质量 = 200g，小于 0.075mm 的土占总土质量百分数 = 96.14%  
2mm 筛上土质量 = 0.559g，小于 2mm 的土占总质量百分数 = 99.72%  
2mm 筛下土质量 = 199.441g，细筛分析时所取试样质量 = 200g

| 筛号 | 孔径/mm | 累积筛土质量/g | 小于该孔径的土质量/g | 小于该孔径的总土质量百分数/g |
|---|---|---|---|---|
| 1 | 2 | 0.559 | 199.441 | 99.72 |
| 2 | 1 | 0.276 | 199.165 | 99.58 |
| 3 | 0.5 | 0.118 | 199.047 | 99.52 |
| 4 | 0.25 | 0.266 | 198.781 | 99.39 |
| 5 | 0.075 | 6.51 | 192.271 | 96.14 |
| 6 | 0.072 | | | 86.98 |
| 7 | 0.053 | | | 72.27 |
| 8 | 0.044 | | | 65.73 |
| 9 | 0.032 | | | 49.38 |
| 10 | 0.026 | | | 39.24 |
| 11 | 0.022 | | | 37.61 |
| 12 | 0.018 | | | 34.99 |
| 13 | 0.015 | | | 34.01 |
| 14 | 0.011 | | | 32.37 |
| 15 | 0.008 | | | 28.12 |
| 16 | 0.005 | | | 24.53 |
| 17 | 0.004 | | | 20.27 |
| 18 | 0.002 | | | 16.02 |

注：粒径小于 0.075 的颗粒分析采用密度计法，详见颗粒分析（密度计法）

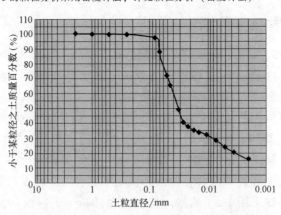

图 4-35　粉质土颗粒级配曲线

表4-22给出了改良掺入比设计。

表4-22 掺加含黏粒粉土改良掺入比

| 改良方法 | 掺入比设计 | 压实度 |
| --- | --- | --- |
| 掺加含黏粒粉土改良 | 1∶1 | 0.94 |

### 4.3.3 击实特性分析

对掺入比1∶1的土样，采用重型击实试验确定其最大干密度和最佳含水量，为后续试验压实度的控制确定提供依据。

该改良土击实曲线如图4-36所示。根据击实曲线确定得到该改良土的最佳含水量和最大干密度见表4-23。该改良土的最佳含水量略大于素土的最佳含水量；最大干密度略小于素土的最大干密度；这是由于黏粒含量的增多，细砂颗粒的减小导致了土体最大干密度的下降和最佳含水量的增大。

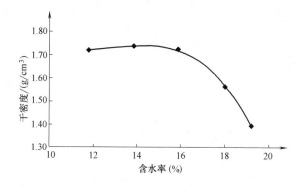

图4-36 含黏粒粉土改良土击实曲线

表4-23 含黏粒粉土改良土的最佳含水量和最大干密度

| 掺入比 | 最佳含水量(%) | 最大干密度/(g/cm³) |
| --- | --- | --- |
| 1∶1 | 15.0 | 1.73 |

### 4.3.4 抗剪强度指标分析

在掺入比为1∶1的情况下，对压实度为0.94的土样进行直接剪切试验，试验所得剪应力-应变关系曲线如图4-37所示，和素土呈现出相似的规律；由此得到的抗剪强度如图4-38所示，得到的抗剪强度指标见表4-24。

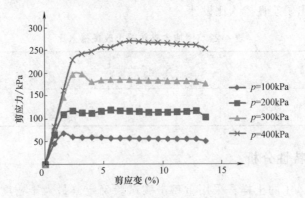

图 4-37　粉质土改良剪应力-应变关系曲线

表 4-24　直接剪切试验结果（压实度 0.94）

| 类别 | 黏聚力 $c$/kPa | 内摩擦角/(°) |
|---|---|---|
| 掺入比为 1∶1 改良土 | 15 | 30.43 |
| 素土 | 9.04 | 29.5 |

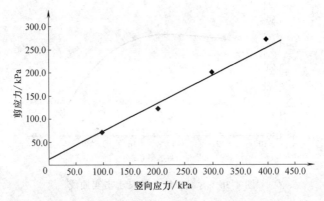

图 4-38　粉质土改良土抗剪强度指标确定图

从表 4-24 可以看出，当掺入比采用 1∶1 时，黏性颗粒改良土的内摩擦角和黏聚力均增大，黏聚力增加的程度大于内摩擦角增加的程度。

### 4.3.5　压缩特性分析

表 4-25 中给出了掺入比 1∶1 的含黏粒粉土改良土压缩试验得到的 2 组平行试验数据，从中可以看出，随着竖向压力的增加，土样的压缩模量增加，压缩系数降低。

根据试验结果，可得压实度为 0.94 时，土样 $E_{s1-2}=8.79$MPa，压缩系数为 $0.18$MPa$^{-1}$，大于 $0.1$MPa$^{-1}$、小于 $0.5$MPa$^{-1}$，属于中压缩性土。由于该素土 $E_{s1-2}=$

13.32MPa，压缩系数 0.116MPa$^{-1}$，说明掺加含有黏土颗粒的粉土对土体的压缩性不仅没有起到改善的作用，反而增加了该土的压缩变形。

表 4-25　压缩试验结果（压实度 0.94）

| 试样 1 | | | | | | | | | |
|---|---|---|---|---|---|---|---|---|---|
| 试样原始高度 $h_0=20$cm，试验前孔隙比 $e_0=0.637$，$K=1.181$，1∶1 改良土 | | | | | | | | | |
| 加荷时间 $h$ | 压力 /kPa | 试样总变形量 /mm | 压缩后试样高度 /mm | 单位沉降 /(mm/m) | 孔隙比 | 平均试样高度 /mm | 单位沉降差 /(mm/m) | 压缩模量 /MPa | 压缩系数 /MPa$^{-1}$ |
| 0 | 0 | 0 | 20 | 0 | 0.637 | 19.795 | 20.55 | 2.43 | 0.67 |
| 24 | 50 | 0.411 | 19.589 | 20.55 | 0.603 | | | | |
| 24 | 100 | 0.6106 | 19.3894 | 30.53 | 0.587 | 19.489 | 30.53 | 4.91 | 0.33 |
| 24 | 200 | 0.8361 | 19.1639 | 41.805 | 0.569 | 19.277 | 41.805 | 8.60 | 0.17 |
| 24 | 400 | 1.072 | 18.928 | 53.6 | 0.549 | 19.046 | 53.6 | 16.25 | 0.10 |
| 试样 2 | | | | | | | | | |
| 试样原始高度 $h_0=20$cm，试验前孔隙比 $e_0=0.637$，$K=10.25$，1∶1 改良土 | | | | | | | | | |
| 加荷时间 $h$ | 压力 /kPa | 试样总变形量 /mm | 压缩后试样高度/ mm | 单位沉降 /(mm/m) | 孔隙比 | 平均试样高度 /mm | 单位沉降差 /(mm/m) | 压缩模量 /MPa | 压缩系数 /MPa$^{-1}$ |
| 0 | 0 | 0 | 20 | 0 | 0.637 | 19.769 | 23.065 | 2.17 | 0.76 |
| 24 | 50 | 0.4613 | 19.5387 | 23.065 | 0.599 | | | | |
| 24 | 100 | 0.6673 | 19.3327 | 33.365 | 0.582 | 19.436 | 33.365 | 4.74 | 0.34 |
| 24 | 200 | 0.8825 | 19.1175 | 44.125 | 0.565 | 19.225 | 44.125 | 8.98 | 0.18 |
| 24 | 400 | 1.109 | 18.891 | 55.45 | 0.546 | 19.004 | 55.45 | 16.88 | 0.09 |

素土颗粒成分如下：细砾 0.17%、粗砂 0.39%、中砂 1.43%、细砂 23.96%、粉粒 71.97%、黏粒 0.33%。1∶1 改良后的土颗粒成分如下：细砾 0.225%、粗砂 0.265%、中砂 0.745%、细砂 13.67%、粉粒 71.79%、黏粒 12.43%。原素土中，粉粒部分充填在细砂中，粉粒之间缺少填充；改良之后，细砂含量减少，减少量和黏粒的增加量相差不多，细砂颗粒中充填的粉土减少，大量的粉土中充填的黏粒又很少。因此，压缩性能降低。这也正是抗剪强度指标中黏聚力快速增大的原因。

### 4.3.6 CBR 值

将 1∶1 掺入比下的土样在最佳含水量下,控制压实度为 0.94,对改良试样进行 CBR 测试,测试得到该土样的 CBR 值为 3.3;表 4-26 给出了高速公路路基填料及其压实度要求,对于压实度为 0.94 时,要求填料 CBR 值大于 4,试验结果得到的 CBR 值偏低。

表 4-26　高速公路路基填料及压实度要求

| 填挖类别 | 路床顶面以下深度/cm | 填料(CBR)(%) | 填料最大粒直径/cm | 路基压实度(%) |
|---|---|---|---|---|
| 填方路基 | 0~30 | ≥8 | 10 | ≥96 |
| | 30~80 | ≥5 | 10 | ≥96 |
| | 80~150 | ≥4 | 15 | ≥94 |
| | ≥150 | ≥3 | 15 | ≥93 |
| 零填及挖方路基 | 0~30 | ≥8 | 10 | ≥96 |
| | 30~80 | ≥5 | 10 | ≥96 |

### 4.3.7 渗透特性分析

通过变水头渗透试验得到该改良土样的渗透系数为 $0.8\times10^{-4}$ cm/s,略小于素土的渗透系数 $1.44\times10^{-4}$ cm/s,从数量级来说,属于粉质黏土的渗透系数范畴。

综上所述,用掺入比为 1∶1 的含黏粒粉土改良的方法,使得土样黏聚力提高,压缩性增大,渗透性降低,土样具有较低的 CBR 值,路用性能不佳;因此该种方法不建议在京台高速公路路基工程中使用。

## 4.4 三种改良方案对土样性能的影响分析

分析可知,掺入比为 1∶1 的含黏粒粉土改良对路基填土的改良效果不佳,路用性能不良,建议不予采用,若勉强使用,可用在压实度为 0.93 区段;以下就水泥、石灰改良土的改良效果进行评价。

### 4.4.1 对土样击实特性的影响

素土的最佳含水量为 14.6%,最大干密度为 1.74g/cm³。

表 4-27 中分别给出了不同掺入比,相同压实度(0.96)下,水泥改良土、石灰改良土各自的最大干密度和最佳含水量。

表 4-27　不同掺入比下改良土最大干密度、最佳含水量一览表（压实度 0.96）

| 改良方法 | 水泥改良 | | | | 石灰改良 | | | |
| --- | --- | --- | --- | --- | --- | --- | --- | --- |
| 掺入比 | 2% | 4% | 6% | 8% | 2% | 4% | 6% | 8% |
| 最佳含水量 | 14.205 | 14.028 | 14.05 | 13.297 | 14.218 | 14.07 | 14.01 | 14.082 |
| 最大干密度 | 1.742 | 1.748 | 1.756 | 1.771 | 1.715 | 1.706 | 1.702 | 1.707 |

**1. 掺入比对改良土最大干密度的影响**

图 4-39 所示为改良土最大干密度与掺入比关系曲线。

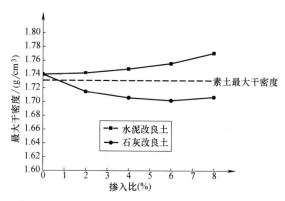

图 4-39　改良土最大干密度与掺入比关系曲线

从图 4-39 可以看出，水泥改良土的最大干密度均大于素土的最大干密度，石灰改良土的最大干密度均小于素土的最大干密度；水泥、石灰改良土曲线呈现出不同的规律，水泥改良土的最大干密度随掺入比的增加而增大；石灰改良土的最大干密度随掺入比的增加先减小后增加，以掺入比 6% 作为转折点。

**2. 掺入比对改良土最佳含水量的影响**

图 4-40 给出了改良土最佳含水量与掺入比关系曲线。

从图 4-40 可以看出，水泥、石灰改良土的最佳含水量均小于素土的最佳含水量；且当水泥、石灰改良土掺入比低于 6% 时，二者的最佳含水量相差较小，且随着掺入比的增加，最佳含水量降低；当掺入比超过 6% 时呈现出不同的规律，水泥改良土的最佳含水量随掺入比的增加继续减小，且减小速率增大；石灰改良土的最佳含水量随掺入比的增加而增大，以掺入比 6% 作为转

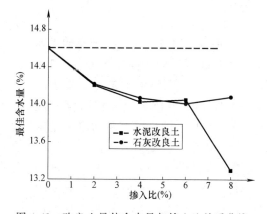

图 4-40　改良土最佳含水量与掺入比关系曲线

折点。

## 4.4.2 对土样抗剪强度特性的影响

表4-28中给出了不同掺入比下石灰、水泥改良土各自的黏聚力和内摩擦角。

表4-28 不同掺入比下改良土黏聚力、内摩擦角（压实度0.96）

| 掺入比 | 石灰改良 | | 水泥改良 | |
| --- | --- | --- | --- | --- |
| | 黏聚力 $c$/kPa | 内摩擦角/(°) | 黏聚力 $c$/kPa | 内摩擦角/(°) |
| 0% | 10.4 | 31.2 | 10.4 | 31.2 |
| 2% | 12.1 | 30.2 | 20.8 | 31.7 |
| 4% | 17.0 | 31.2 | 25.0 | 32.5 |
| 6% | 18.1 | 31.7 | 28.0 | 32.9 |
| 8% | 17.5 | 31.9 | 29.3 | 33.2 |

**1. 掺入比对改良土黏聚力的影响**

图4-41所示给出了相同压实度（0.96）下，改良土黏聚力与掺入比关系曲线。

从图4-41可以看出，相同压实度下，水泥、石灰改良土的黏聚力均大于素土的黏聚力；水泥改良对土体黏聚力的提高程度较大，约为石灰改良的2倍。水泥改良土的黏聚力随掺入比的增加而增大，但增大速率逐渐降低；石灰改良土的黏聚力随掺入比的增加先增大后减小，以掺入比为6%作为转折点。说明对于石灰土而言，当掺入比大于6%后，掺入比的进一步提高对土体黏聚力的提高无贡献。

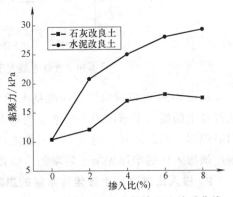

图4-41 改良土黏聚力与掺入比关系曲线

**2. 掺入比对改良土内摩擦角的影响**

图4-42所示为相同压实度（0.96）下，改良土内摩擦角与掺入比关系曲线。从图4-42可以看出，相同压实度下，水泥改良土的内摩擦角均略大于素土的内摩擦角，且随掺入比的增加而增大，但增大幅值较小；石灰改良土的内摩擦角当掺入比为2%时，小于素土的内摩擦角，此后随着掺入比的增加，内摩擦角增大，最终值与素土的内摩擦角

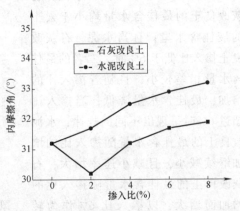

图4-42 改良土内摩擦角与掺入比关系曲线

相差不大。

表4-29给出了不同压实度下，掺入比为4%的石灰、水泥土的黏聚力和内摩擦角。

表4-29 不同压实度下改良土黏聚力、内摩擦角（掺入比4%）

| 压实度 | 石灰改良 | | 水泥改良 | |
|---|---|---|---|---|
| | 黏聚力 c/kPa | 内摩擦角/(°) | 黏聚力 c/kPa | 内摩擦角/(°) |
| 0.96 | 17.0 | 31.2 | 25.0 | 32.5 |
| 0.94 | 15.0 | 29.5 | 20 | 30.4 |
| 0.93 | 12.4 | 27.2 | 17.7 | 29.0 |
| 0.90 | 9.7 | 25.6 | 15.0 | 28.0 |

### 3. 压实度对改良土黏聚力的影响

图4-43所示为相同掺入比（4%）下，改良土黏聚力与压实度关系曲线。

从图4-43可以看出，相同掺入比下，水泥改良土的黏聚力均大于石灰改良土的黏聚力，且随掺入比的增加而增大，增加速率呈现出先增大后减小的趋势；石灰改良土的黏聚力也表现出类似的性质，即压实度0.94之后随着压实度的进一步增加，黏聚力虽然增大，但增加速率降低。

### 4. 压实度对改良土内摩擦角的影响

图4-44所示为相同掺入比（4%）下，改良土内摩擦角与压实度关系曲线。

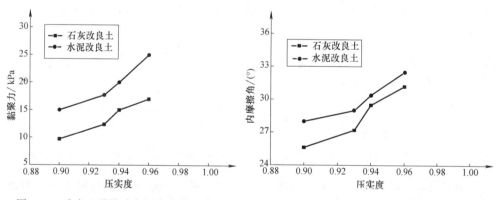

图4-43 改良土黏聚力与压实度关系曲线　　图4-44 改良土内摩擦角与压实度关系曲线

该曲线与图4-43所示曲线呈现出相似的规律。说明压实度对改良土黏聚力和内摩擦的影响规律相似。

## 4.4.3 对土样压缩特性的影响

表4-30给出了不同掺入比下，压实度为0.96的石灰、水泥土的压缩模量和压缩系数。

表 4-30 改良土不同掺入比下的压缩模量和压缩系数（压实度 0.96）

| 项目 | 石灰改良 | | | | 水泥改良 | | | |
|---|---|---|---|---|---|---|---|---|
| 掺入比 | 0% | 2% | 4% | 6% | 0% | 2% | 4% | 6% |
| 压缩模量 $E_{s1\text{-}2}/\text{MPa}$ | 13.83 | 14.96 | 16.47 | 17.32 | 13.83 | 15.71 | 16.98 | 17.67 |
| 压缩系数 $a_{v1\text{-}2}/\text{MPa}^{-1}$ | 0.116 | 0.109 | 0.099 | 0.095 | 0.116 | 0.101 | 0.096 | 0.090 |

**1. 掺入比对改良土压缩模量的影响**

图 4-45 所示为相同压实度，不同掺入比下改良土压缩模量与掺入比关系曲线。

从图 4-45 可以看出，相同掺入比下，水泥改良土的压缩模量均略大于石灰改良土的压缩模量，且二者都大于素土的压缩模量；区别在于，随着掺入比的增加，水泥改良土的压缩模量的增加速率逐渐减小；石灰改良土压缩模量的增加速率先增大后减小，以掺入比 2%～4% 区间段增加最为迅速。

**2. 掺入比对改良土压缩系数的影响**

图 4-46 所示为相同压实度，不同掺入比下改良土压缩系数与掺入比关系曲线。

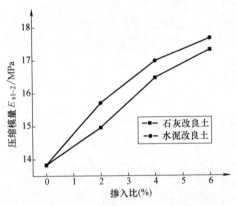

图 4-45 改良土压缩模量与掺入比关系曲线　　图 4-46 改良土压缩系数与掺入比关系曲线

从图 4-46 可以看出，相同压实度下，水泥改良土的压缩系数均略小于石灰改良土的压缩系数，且二者都小于素土的压缩系数；当掺入比为 4% 时，曲线最为接近，说明此时二者的压缩系数较接近。不同压实度下，随着压实度的增加，石灰、水泥改良土的压缩系数均呈现减小的趋势。

**3. 压实度对改良土压缩模量、压缩系数的影响**

不同压实度下，掺入比为 4% 的石灰、水泥土的压缩模量和压缩系数见表 4-31。

图 4-47 所示为相同掺入比（4%），不同压实度下改良土压缩模量与掺入比关系曲线。

表 4-31　不同压实度下改良土的压缩模量和压缩系数（掺入比 4%）

| 项目 | 石灰改良 | | | 水泥改良 | | |
|---|---|---|---|---|---|---|
| 压实度 | 0.96 | 0.94 | 0.93 | 0.96 | 0.94 | 0.93 |
| 压缩模量 $E_{s1\text{-}2}$/MPa | 16.47 | 16.32 | 15.80 | 16.98 | 16.67 | 15.87 |
| 压缩系数 $a_{v1\text{-}2}$/MPa$^{-1}$ | 0.099 | 0.101 | 0.106 | 0.096 | 0.099 | 0.104 |

从图 4-47 可以看出，相同压实度下，水泥改良土的压缩模量均大于石灰改良土的压缩模量；且随着压实度的增加，压缩模量增大，但增加速率减小；水泥、石灰改良土压缩模量间的差值随压实度的增加而增大。

图 4-48 所示为相同掺入比（4%），不同压实度下改良土压缩系数与掺入比关系曲线。

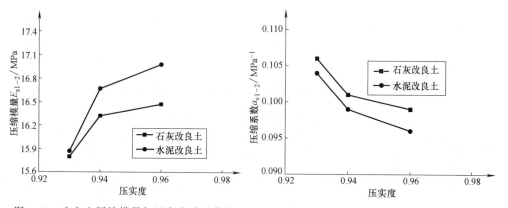

图 4-47　改良土压缩模量与压实度关系曲线　　图 4-48　改良土压缩系数与压实度关系曲线

从图 4-48 可以看出，相同压实度下，水泥改良土的压缩系数均小于石灰改良土的压缩系数；且随着压实度的增加，压缩系数降低，但降低速率减小；水泥、石灰改良土压缩系数间的差值随压实度的增加而增大。

### 4.4.4　对土样 CBR 值的影响

表 4-32 所示为不同掺入比下，压实度为 0.96 的石灰、水泥土的 CBR 值。

表 4-32　改良土不同掺入比下的 CBR 值（压实度 0.96）

| 项目 | 石灰改良 | | | | 水泥改良 | | | |
|---|---|---|---|---|---|---|---|---|
| 掺入比 | 0% | 2% | 4% | 6% | 0% | 2% | 4% | 6% |
| CBR 值 | 8.7 | 32.0 | 39.5 | 42.5 | 8.7 | 48.0 | 80.0 | 98.3 |

图 4-49 所示为压实度为 0.96 的石灰、水泥土的 CBR 值与掺入比的关系曲线。

从图 4-49 可以看出，相同掺入比下，水泥改良土的 CBR 值为石灰改良土掺入比的 2 倍左右；石灰改良土 CBR 值随掺入比的增加而增大，但增大的速率较慢，

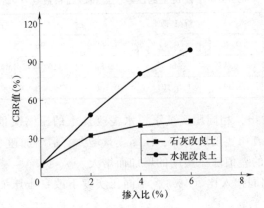

图 4-49 改良土 CBR 值与掺入比关系曲线

且当掺入比较高时，掺入比的进一步增加对 CBR 值影响不大；水泥改良土的 CBR 值随掺入比增大而增大的幅度大于石灰改良土，且随着掺入比的增大，增加速率减小，但减小幅度较小。

不同压实度下，掺入比为 4% 的石灰、水泥土的 CBR 值见表 4-33。

表 4-33 改良土不同压实度下的 CBR 值（掺入比 4%）

| 项目 | 石灰改良 | | | 水泥改良 | | |
|---|---|---|---|---|---|---|
| 压实度 | 0.96 | 0.94 | 0.93 | 0.96 | 0.94 | 0.93 |
| CBR 值 | 39.5 | 22.5 | 17.2 | 80.3 | 64.7 | 58.6 |

图 4-50 所示为掺入比为 4% 的石灰、水泥土的 CBR 值与压实度的关系曲线。

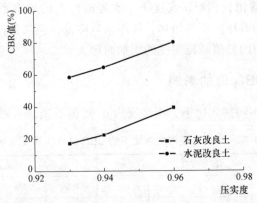

图 4-50 不同压实度下，掺入比为 4% 的石灰、水泥土的 CBR 值与压实度的关系曲线

从图 4-50 可以看出，相同压实度下，水泥改良土的 CBR 值显著高于石灰改良土的 CBR 值；水泥改良土和石灰改良土的 CBR 值均随着压实度的增加而增大，在高压实度下的增加速率略大于较低压实度下的增加速率。

### 4.4.5 对土样渗透特性的影响

相同压实度，相同掺入比下石灰、水泥改良土的渗透系数见表4-34。

表4-34 相同压实度、相同掺入比下改良土的渗透系数（压实度0.94，掺入比4%）

| 改良方法 | 素土 | 石灰改良 | 水泥改良 |
| --- | --- | --- | --- |
| 渗透系数/(cm/s) | $2.42\times10^{-4}$ | $1.985\times10^{-4}$ | $2.76\times10^{-4}$ |

从表4-34可以看出，石灰改良土的渗透系数小于素土的渗透系数，水泥改良土的渗透系数略大于素土的渗透系数；说明石灰对土体渗透性的影响优于水泥对土体渗透性的影响。

## 4.5 本章小结

本章主要从击实特性、强度特性、压缩特性、渗透特性和CBR值几个方面分别对石灰改良、水泥改良和1∶1含黏粒粉土改良的三种方案进行了分析，并对石灰改良、水泥改良进行了对比，得到主要结论如下：

1) 1∶1含黏粒粉土改良对黏聚力的提高作用显著，但土体CBR值偏低，不适用于高速公路压实度0.94、0.96区段以上的路基建设。

2) 石灰改良、水泥改良土均得到较好的改良效果，石灰改良最佳掺入比为4%~6%，超过该掺入比后，掺入比的进一步增加对其各项性能的改善效果不明显；水泥改良土的改良效果随着掺入比的增大而增大，随着掺入比的增大水泥改良土的改良效果增大速率变缓，但整体呈上升趋势，考虑到水泥含量过高易出现裂缝和性价比低，因此建议掺入比也为4%~6%。

3) 水泥改良土对土体强度的提高明显优于石灰改良土；二者对土样压缩性能的改善效果相差不大；石灰土对土体渗透性的改善优于水泥改良土，相同掺入比、相同压实度下，石灰改良土的渗透系数小于素土，而水泥改良土样的渗透系数略大于素土。对于强度较低的土样建议使用水泥改良土来提高其强度特性，对于强度尚可、级配较差的土样建议采用石灰改良土来提高其水稳定性。

4) 水泥改良土的最大干密度均大于素土的最大干密度；石灰改良土的最大干密度均小于素土的最大干密度且最大干密度随掺入比的增加先减小后增加，以掺入比6%作为转折点。水泥、石灰改良土的最佳含水量均小于素土的最佳含水量。

5) 文中给出了大量的压实度、掺入比与土样各种性能之间的关系曲线，试验点之外的数值可以通过差值或曲线拟合的方法来得到。

# 第 5 章

# 粉土路基设计

路基是路面的基础，它承受着路面自重和汽车荷载。荷载作用使一定深度范围内的路基土处于受力状态。路基设计应能保证路基在运营过程中受到的力在路基的弹性限度内，即当车辆通过后，它能够恢复到原来的形状，使路基能够继续处于正常状态工作，处于相对稳定的状态，路面不会因此发生开裂或者沉降等病害。此外，路基常年受到外界降雨的影响，雨水对路基本体有一定的冲蚀作用，路基除了满足强度、变形要求之外，路基水稳性要求也是一项非常重要的内容。本章将通过路基设计优化和施工控制，来控制粉土路基水稳性差、压实效果不良的问题，以实现粉土在高速公路路基中的应用。

## 5.1 路基设计

路基设计必须满足道路在日后运行中的各项要求，保证设计的路基稳固、可靠，不发生不利的变形，也要在满足工程运行安全的条件下，考虑施工情况、技术可行性、经济要求和甲方对工期的限制，并且要尽可能在施工和运行过程中节约用地。

### 5.1.1 路基设计的基本内容

路基设计可分为一般路基设计和特殊路基设计。一般路基设计是指在工程地质、水文地质良好的条件下，修筑的路基填方高度与挖方深度均不大的路基设计。对于一般路基，可以根据路线的地形和地质情况，选用典型横断面或者是采用标准设计。特殊路基设计，要对工程地质、地形和水文地质进行详细的勘探调查。对路基断面的选择要进行检查计算，路基基底和边坡也要进行必要的检查计算。在进行防护加固设计时，通常情况下需要对多种不同的方案从安全、技术、经济角度去比选。保证路基的安全、可靠、稳定，不发生病害，不影响道路运行。

## 1. 路基断面设计

路基断面设计分为路基宽度设计和路基高度设计。路基宽度设计中,路面宽度应根据要求的通行能力和交通量而定。对于高等级公路的断面设计,因为其路面上有中间带、紧急停车带和变速车道等,所以其路肩的设计宽度要增大一些。设计人员需根据《公路工程技术标准》相关规定设计各等级公路路基宽度。

路基高度是指路堤填筑高度和路堑开挖深度,是路基设计高程和地面高度之差。路基高度设计与道路的使用年限、路基稳定性、工程建设成本有关。在路基的质量得到保证,道路的使用年限满足有关道路规范规定的前提下,应该对多个方案进行造价预估,选择预算经济的一个,另外也要减少对土地资源的占用和浪费。

路基横断面的基本形式如图 5-1 所示。

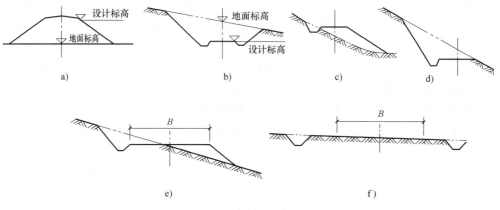

图 5-1 路基横断面的基本形式
a) 路堤 b) 路堑 c) 半路堤 d) 半路堑 e) 半路堤半路堑 f) 不填不挖路基

## 2. 选择路基填料

路基填料应选择水稳定性好的填料,同时填料的压缩性要小,便于在施工过程中压实,只有当压实度达到要求后才能够继续施工,否则会引起病害的发生。考虑经济等原因,要选择料源充足、运输距离近的材料。要综合考虑土石材料的物理力学等基本性质、工期、经济等众多原因,选择最佳的路基填料。

我国土地资源紧张,要严守耕地红线,所以路基施工时应尽可能使用路堑挖方土石料、将附属临近工程的挖弃土方作为路基填料,或是选择在荒地、劣质地上开挖土石材料。但是在取土的时候要保护环境,特别是在山坡上取土时,要防止因为取土石而破坏边坡稳定性,造成边坡失稳,给附近居民和其他基础设施造成不必要的危害。如果因土石材料受限而不得不使用强度等级不符合要求的细粒土时,要先采取一定的措施进行处治和改良。填筑路基不得直接使用泥炭、有机土、冻土、淤泥、强膨胀土,也不可直接使用液限大于 50%、塑性指数大于 26 的细粒土。

## 3. 路基边坡形状和坡度设计

路基边坡最常用的三种形式是直线形、台阶形和折线形。对于挖方不大、土质较好的路堑和填方不高的路堤使用直线形。对于边坡较高或是路堑边坡，当由性质差异较大的多层土组成时，一般采用折线形，但需要注意的是在变坡点出现坡面冲刷破坏的情况。台阶形边坡可以提高边坡的稳定性，拦截由边坡上方滚落下的石块或土块，降低坡面的冲刷。边坡的坡度选择是由现场土体的构造、土的性质、边坡高度、当地水文地质等综合因素决定的。对于一般的路基可以按照相关规范规定选用坡度或者是根据工程经验进行设计。对于复杂情况下的路基设计，需要进行必要的稳定性分析再下结论。

**4. 路基排水设计**

（1）路基地表水、地下水排水设施 水是影响路基性能的因素之一，路基的失稳、变形在大多数情况下都是因为地表水与地下水的冲刷、渗透，破坏了路基。在道路路基设计时应该采取一定的排水措施，避免路基失稳和变形的发生。路基排水系统的目的是拦截地表水和地下水，使路基范围内的地表水汇集到一起，并通过沟渠管道等将水导引至排水通道，然后将水排泄到路基下方。地表水对路基的冲刷使其变形，可以导致水毁和路基失去稳定性。地表水和地下水的渗透能够让路基软化，使路基的强度和抗变形能力下降，严重时能够导致路基冻胀、翻浆，也会导致边坡滑塌或者是路基的整体破坏。路基排水通过一定的设计避免地表水与地下水对路基的破坏，尽量使路基处于干燥状态，或者使路基土的湿度在工程的允许范围内，保证施工的正常进行。

对于路基的排水工程，特别是地表水的排水，其主要任务是有效防止和及时排除地表径流，排水设施包括边沟、截水沟、排水沟、跌水与急流槽等，必要时可设置倒虹吸、渡水槽及蒸发池等。地表排水设施的设计应根据当地的经验确定设计参数，计算允许流量和允许流速，确保各种沟渠的断面形状和尺寸满足排泄设计流量要求，不产生冲刷和淤积。地表排水沟渠宜短不宜长，以使水流不过于汇集，做到及时疏散、就近分流。地表水的排水设计及施工经济简便并且效果显著，能够很大程度上将路基上的水排出，保护路基不受破坏。

当路基或者边坡土体受上层滞水、潜水或者承压水等地下水浸蚀而危及其稳定性或显著降低路基模量时，应设置相应的地下排水设施，用于拦截、汇集和排出地下水，降低地下水位。地下排水设施主要有明沟、暗沟、渗沟和渗井。由于地下排水设施主要以渗流的方式汇集水流，所以与地表排水设施相比，排水量不大，但施工要求较高，且养护困难。

（2）路基四大排水系统 地表水和地下水会不同程度地影响路基的稳定性以及道路的使用寿命。不论是在平原还是在山区，公路路基在施工和道路运行阶段都会受到环境水的危害，特别是在植被茂密的山区等地。所以在道路路基建设中，排水就显得特别重要，尤其是在雨期施工。路基建设过程中排水系统建立主要包括以下四种：

1）路面雨水排水系统。路面雨水排水系统在通常情况下比较简单，在路基铺设的时候让路面的中间略高于两边，保持一定的坡度值，让雨水能够顺利排到路基两侧的排水沟中。

2）河流排水系统。河流排水系统要特别关注河流水的源头及其最大流量。通过调查明确河流水的来源，判断流量大小，通过分析水文地质条件判断河流所在区域发生各种地质灾害的可能性以及危险位置，然后在设计路基排水系统时就能够清楚地判断是否需要设计抗灾害排水系统。同时合理选择排水系统规模需要对河流最大流量进行研究与分析。

3）路基中间隔离带排水系统。为了使路基所含的地下水水量减少，在设计路基地表排水系统时，必须防止中间隔离带的水沿着路基下渗成为地下水，所以需设置路基中间隔离带排水系统。

4）路基边坡排水系统。路基边坡排水主要是在路基的两侧修建排水沟，排水沟的深度和宽度根据路基边坡和中间隔离带等的综合排水量而定。不同阶段路基排水工程的重点可能略有不同，但是它们的最终目的都是为了控制路基湿度，保证路基具有足够的强度和刚度。在路基施工阶段，应根据现场的实际情况和需要，校核全线路基排水系统的合理性和完备性，考虑设置临时性排水措施的必要性和方式，以保证路基土石方在正常条件下施工作业。路基养护期间，应定期检查、及时维修各类排水设施，以保证路基排水设施正常使用。必要时，可根据实际情况进一步改善路基的排水条件和排水能力。

（3）路基排水系统的设计和施工原则　路基排水系统的设计应根据项目工程的要求和实际情况进行全面规划和布局，根据不同的情况和要求使用不同的排水措施，在满足各项要求的前提下要使整个路基排水系统经济适用。在设计和施工时，应充分利用当地的原有水系，结合有利地形以及各种已经存在的水利设施。

排水系统的布设不能影响当地农业生产用水和居民生活日常用水。路基排水的沟渠布置应该不占或者少占农田用地，保护耕地资源，要把排水系统和农田水利相结合。路基边沟一般不适合作为农田灌溉的渠道，当它们必须合并使用时，要增大边沟的断面面积，同时要对边沟采取一定的加固措施，防止水流对路基造成危害。排水沟渠中的水不能直接流入当地居民日常生活饮用的水源中，也不能直接流入农田之中。

路基排水系统的布设尽可能不破坏天然水系。不轻易合并当地已有自然沟渠，尽可能不改变水流性质，如果不能避免，则应采取一定的措施来防止沿线水土流失。路基排水系统的设计应该和当地的自然环境相协调，要保护生态环境，人与自然相协调。

排水系统布设前，勘察设计人员必须要到将要进行设计路线的沿线地区进行充分的实地调研，查明当地的水文和地质条件以及道路沿线的水源状况。要根据上述内容的调研情况判断其可能对路基存在的危害，以便在设计中重点考虑，防患于未然。在路基排水布置的时候，应该按照不同路段存在问题的严重情况，进行分段设计，根据不同的要求来布设排水设施，充分发挥各种排水设施的作用，保护路基。

在道路的重点路段位置，路基排水和桥涵布置应该结合在一起，地表排水设施和地下排水设施要结合在一起，保护路基不受水的冲刷和渗透等造成破坏。在水文地质条件复杂、施工困难的路段、土质松软路段、坡度比较陡的路段、路基病害发生概率较大或者是已经发生的路段等，在排水设计的同时还应该考虑路基加固防护，进行专项设计。特别是水文地质、工程地质条件复杂或路基病害严重的路段，排水设施布置应结合路基防护加固工程进行专项设计。要保证路基排水系统的耐久性，同时设计时要考虑方便后期的养护与维修。

5. 路基防护设计

路基和路基边坡长期暴露在自然界当中，受到雨水、光照和土的季节冻融等自然条件的影响，路基的强度和稳定性逐渐降低，随时可能发生局部或整体破坏。在路基稳定性达到规范规定的前提下，为了预防和减少路基工程受到各种因素的影响，保证道路路基各种性能在使用寿命内处在正常范围内，必须对路基进行必要的防护。路基防护包括路基边坡坡面防护和浸水路堤冲刷防护两大类。

（1）路基边坡坡面防护　坡面防护是为了保护路基边坡，使其不遭受雨水冲刷，减弱湿度和温度变化对路基边坡的影响，防止和延缓软弱岩石的表层风化、破碎及剥蚀演变过程，从而保障路基边坡的长期稳定。坡面防护包括植物防护、工程防护两类。植物防护主要依靠植物根茎与土壤间的附着力及根茎的相互缠绕来稳定坡面，不仅可以对坡面进行防护，还可以起到对道路绿化的作用，使道路和自然环境相协调。工程防护主要通过水泥、砂或石料在坡体表面形成坚硬的铺砌层或封闭层，以防坡面在自然因素作用下被冲刷、剥落、坍塌或滑溜。因坡面防护不能够承受外力，所以边坡的岩土体必须保持整体稳定，简易防护的边坡高度与坡度不宜过大。

（2）浸水路堤冲刷防护　冲刷防护有直接防护、间接防护两大类。直接防护对浸水路堤、堤岸采取防护措施，用来防止和减弱水流对路基的冲刷和淘刷。因为直接防护对水流性质干扰少，所以对它防护路段上下游和对岸影响都很小。直接防护必须有足够的强度与稳定性，它是一种具有被动性质的防护措施。间接防护是指利用结构物的导流或阻流功能，改变水流方向或减小流速，避免或减缓水流对路基的直接破坏作用，必要时也可疏浚河床、改变河道，具有主动防护的性质。总的来讲，在进行路基冲刷防护设计时，要掌握流水运动规律，结合实际的情况，做到防护与治理相结合，进行综合防护。

## 5.1.2 路基设计基本要求

1. 路基边坡的稳定性设计

路基边坡稳定性与岩土的内部结构、岩土的性质、路基边坡的高度和宽度、工程的施工质量等多种因素有关。一般情况下，对于边坡不高的路基，如不超过8m

的土质边坡和不超过 12m 的石质边坡，可按一般路基设计，采用规定的坡度值，不作稳定性分析。但对于可能出现失稳或已出现失稳的路基需要进行稳定性分析，以保证路基设计满足对稳定性和经济性的要求。

路基边坡滑塌是常见的道路破坏形式，观察大量边坡发生滑塌的现象，发现边坡破坏时会形成一个滑动面，滑动面的形状又与土的性质有关。对于黏性土，滑动土体一般呈圆形或者是碗形；对于松软的砂性土及砂土，滑动面类似于平面。如果下滑面是单一平面，则是一个静力平衡问题，可根据静力平衡原理求解未知量。如果下滑面具有两个破坏面，则进行稳定性分析时，必须确定两个破坏面上各自的法向力大小和作用点的位置，能建立三个平衡方程，是一个超静定问题。如果下滑面具有多个破坏面，稳定性分析必须确定出每个破坏面上法向力的大小及作用点，同样只能建立三个平衡方程，是一个多次超静定问题。为能求解这些超静定问题，通常需要做出某些假设，使其变为静定问题。

路基边坡稳定性主要有两个方面的要求，一是较高的承载力要求，二是较强的稳定性要求。其中承载力是公路路基一项十分重要的指标，因为公路路基承受着路面上的大部分荷载，所以在进行路基防护设计和施工过程中，要求路基必须要有较高的承载能力。如果设计不当或施工过程中某些技术不过关，就可能会使公路在运行阶段中不能够承受过大的压力，而使路基在使用过程中出现变形，有时可能会出现坍塌。此外稳定性也是路基防护技术中重要组成部分，公路路基稳定性是指公路路基在经过长时间外界荷载的作用下，依旧能够保持较高的安全性。一旦公路路基的稳定性不够，就会造成公路路基的结构发生变化，进而导致公路路面出现凹凸不平的现象，严重的甚至会造成公路路面出现开裂。

粉土的黏聚力偏低，当路基填方较高时，边坡的稳定性就会受到影响。因此，考虑使用厚度 2m 的包边土强化路基边缘填料的整体性和抗剪切能力，包边土的选择优先考虑黏粒含量较高的黏性土，其次为现有挖方段黏土的石灰改良土，若上述两种填土经过压实度和 CBR 测定不能满足要求时，可考虑水泥改良的黏性土。

**2. 路基边坡的耐久性设计**

公路路基边坡必须具有足够的耐久性，以保证边坡在运营过程中，在外界荷载和环境因素的共同作用下，不会发生整体破坏或出现威胁公路安全运营的局部破坏，以保证路基边坡在不需要大修的情况下即可完成预定的功能。雨水对边坡的反复冲刷会引起路基包边土的流失，致使路基坡面全部或部分受损，粉土填筑路基在失去包边土的侧向约束后，裸露的土体极易松散，更加容易被雨水带走，对整个路基的安全性造成严重影响，因此避免雨水的大量冲刷也是设计应重点考虑的内容。

（1）坡面冲蚀整治设计　坡面表层在降雨等作用下破坏和流失的现象称为坡面冲蚀，主要指坡面流对地表层的水力冲刷。分为两类，一类是水流的冲蚀，即沿河滨海路堤和河滩路堤及路基旁的堤岸等，遭受水流的侵蚀、冲刷、淘蚀，波浪的侵袭以及流冰、漂浮物等的撞击而破坏。一类是雨水的冲蚀，包括以雨滴击打为主的坡面冲刷和以坡面径流为主的坡沟冲刷两个过程，其中雨滴打击坡面产生的冲蚀比较均匀，而坡面径流侵蚀性质较为复杂。坡面整体表层的稳定性及抗冲刷性影响坡面工程的正常使用性能、使用寿命、坡面外部景观等，如边坡面、坡角处受到严重冲蚀可能导致整体坡面工程失稳。

边坡土体的抗冲刷性与许多因素有关。内因是土颗粒间联结强度，其大小取决于水胶作用力和分子作用力。含砂粉土抗冲刷能力较弱，原因在于其中含有的石英，不能像 $Ca^{2+}$ 等阳离子那样，与极性水分子紧密结合而呈现出较强的水胶作用，致使结合力较弱；此外，含砂粉土中蒙脱土、云母等黏粒含量低，致使粉土颗粒间联结强度较低、黏聚力低，抗冲刷性极差。当汛期降雨强度达到某特定值时，雨滴的连续冲击首先破坏了粉土颗粒之间脆弱的联结，粉土颗粒成为自由体，当降雨在坡面形成水流时，水流冲击并带走这些自由的粉土颗粒，使坡面形成道沟。

设计上可采用排水、导水的方式使雨水有序流动，即设置拦水侧石、急流槽、铺砌边沟等，最大限度避免冲刷对包边土的影响。同时设置路基两侧纵向排水沟、路堤基底纵横向盲沟和中央分隔带排水系统，以便形成有效的排水通道及时排出粉土路基表层和内部积水。结合覆盖包边土，在边坡可以种植紫穗槐等植被或采用干砌或浆砌片石护坡，以减缓雨水对边坡的冲刷并做好反滤层设置。

（2）渗透破坏整治设计　公路路基因为渗流作用出现变形和破坏称作渗透变形和渗透破坏。例如，路基表面隆起、路基中细颗粒被水带出、路基土层剥落、在向上水流作用下颗粒悬浮、形成集中渗流通道等。

粉土具有遇水分散、流失的特点，会对路基工程造成严重的安全性威胁。含砂粉土路堤因降雨在路堤两侧形成水位差，由于水力渗透作用极易发生"流土"病害，即在背水坡路堤坡脚处，土体颗粒因水流冲蚀而发生上浮位移。当背水路堤坡脚发生流土时，坡脚首先软化失稳，从而导致路堤坍塌。为防止流土的发生，具体方案有：对迎水坡进行浆砌护坡，地基采用板桩、截水墙和灌浆等措施以增长渗透路径，降低水力坡度。尽管工程措施理论上来说会起到很好的效果，但因施工控制等原因会出现部分质量问题，当缺损面积占防渗面积 10% 时，渗流量仍会达到无防渗时的 90%，所以一般的防渗措施并不能完全控制渗流。因此对渗流来说采用排渗措施更为重要，可在背水坡设置干砌护坡，坡脚设水平铺砌，同时设较厚反滤层，以达到排渗、降低渗压、防止土颗粒流失的目的。

**3. 防治振动液化设计**

粉土的动力特性主要包括粉土的动力变形特性和粉土液化特性。土的动剪切模量和阻尼比是土动力变形特性的两个基本参数，也是土层地震反应分析和场地地震安全性评价中的必要参数，掌握这两个参数的基本规律很重要，在重大工程中应实测这两个参数值。粉土的液化特性是指饱和粉土在动荷载作用下往往会丧失其原有强度而转变为一种类似液体的状态,从而会造成严重的后果。

公路路基在车辆荷载与地震荷载作用下会产生一定的振动,进而会使作用在土体上的应力逐渐增加。当土中应力不断增长累积到一定程度,超过土体所能承载的力时,土颗粒彼此之间的联结和结构就会被破坏,土颗粒彼此脱离接触。此时孔隙中的水就会逐渐地、部分地分担原先全部由土颗粒承担的压力,从而导致孔隙水压力的骤然增加。超静水压力的增大,迫使孔隙水向上排出,同时土颗粒在其重力作用下会向下沉,此时土颗粒在土体内会同时受到超静孔隙水压力的向上浮力以及自身的重力作用,当这个浮力不断增大时,会导致土体局部或全部在动力荷载作用的短时间内处于悬浮状态,即超静孔隙水压力等于有效覆盖压力,从而导致土体的抗剪强度局部或全部丧失。

土的密实程度是响粉土液化的主要因素。粉土的结构状态越松散,振动时变密的势能越大,就越容易发生液化。粉土上覆有效压力越大,其发生液化的可能性越小。此外,粉土的粒径与级配对粉土的液化性质影响也很大,级配均匀的粉土比级配不均匀的更容易液化。平均粒径 $d_{50}$ 对抗液化强度有明显影响,$d_{50}$ 越大,抗液化的能力就越强。一般来说,$d_{50}$ 为 0.05~0.09mm 最容易液化,该土样的 $d_{50}$ 为 0.06mm,处于容易发生液化的范围。

粉土的液化需要具备两个条件:一是土饱和,即要有水,且无良好的排水条件;二是土要足够松散,即粉土的密实度不好。粉土液化对路基产生的破坏以潜蚀破坏为主,表现为汛期暴雨中路基发生的道床陷穴和边坡坍塌,它是集水流、粉土的动强度衰减和振动液化共同作用的结果。具体表现为,道床表层中粉土单元的强度在车辆荷载作用下衰减,当抗剪强度小于剪应力时,道床中该单元土体发生剪切破坏,裂隙产生,为降雨在基床表层中下渗提供了路径。发生振动液化的自由水具有较高水压力,对周围粉土有渗透破坏和劈裂破坏作用,从而破坏了粉土颗粒之间的联结。同时,承压水在寻找出水路径以消散孔隙水压力。当出水路径找到后,自由水流出路堤边界,并带走粉土颗粒,水在路堤中渗流的通道逐渐形成,含砂粉土的潜蚀破坏已开始。接下来,雨水开始定向汇集到上述渗流通道中形成集中水流,冲蚀作用不断增强,粉土颗粒大量流失,最后导致陷穴产生。

因此,为防止道床陷穴,隔断雨水下渗途径,必须对路基面进行全封闭处理。例如,通过合理的压实手段避免路基松散,采用在路基基床中换填 0.3m 厚中粗砂并在砂层中铺设塑料排水板等材料的方法;在设计上避免路基中的粉土内芯存在受力自由面,即对粉土内芯底部及顶部进行强化,如对顶部 40~80cm 封层内采用水泥砂、水泥土或石灰土封闭。此外,要增强粉土内芯的排水设计,避免粉土内芯长时间泡水,设计方法上可考虑采用与外界水系沟通的盲沟设计或增加排水垫层。

**4. 路基基底设计**

根据工程地质勘察报告,拟建线路沿线地表以素填土为主,厚度为 1.0~1.5m,局部为杂填土和回填圆砾,由于其具有不均匀性,均不宜直接作为路基基底，需进行相应处理如下：

对填方地段，当路基下为素填土时，宜对其进行翻挖，并掺以不小于2%的石灰，进行分层回填、压实；当路基下为杂填土、圆砾卵石填土时，宜其全部挖除，采用素土进行分层回填、压实。对基底最表层的30cm，进行黏土换填，掺加6%的石灰，以达到封底的目的，减小水对粉土路基的影响。

路堑地段可根据开挖断面揭露地层情况，采取以下处理措施：当路基下为素填土时，建议对其进行翻挖，并掺以不小于2%的石灰，分层回填、压实；当路基下为原状土，且工程性质较好时，可直接作为路基基底。

## 5.1.3 路基工程设计要求

### 1. 标准路基断面

路基标高和天然地面标高通常情况下是不一样的。路基是通过挖填的方式形成的。路基横断面的典型形式主要有三种类型：路堤、路堑和填挖结合。路堤是指全部用岩土填筑而成的路基，路堑是指全部在原地面开挖而成的路基。路堤和路堑是路基的基本类型，如图5-2所示。

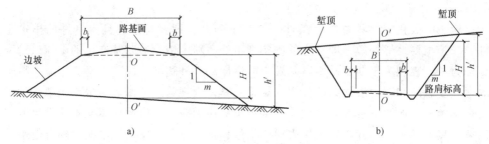

图 5-2 路堤和路堑
a) 路堤  b) 路堑

当原地面横坡大且路基较宽，需一侧开挖而另一侧填筑时，即为挖填结合路基，也称半填半挖路基，常用在丘陵地区的路线上。

### 2. 路堤设计要求

路堤按高度可分为矮路堤、一般路堤及高路堤三种，下面分别对其设计要求进行介绍。

(1) 矮路堤设计要求  矮路堤，一般是指填方高度小于1.0~1.5m的路基，这种路堤通常在地势平坦、取土困难的地段选用。地形平坦的地区通常是农田，土地资源紧张，地势较低，水文条件较差。设计时要控制好填土的最小高度，力求不低于按自然区划和土质等所规定的临界高度，使路基处于干燥或中湿状态。

矮路堤的高度，往往接近或小于路基工作区深度，除填方本身要求高质量外，地基往往需加特殊处治和加固，为此需要清除基底并按规定的标准进行压实，如有必要，应考虑进行换土、设置隔离层、用砂桩或石灰桩加固、加铺砂砾石垫层等措施,以保证路基、路面的强度与稳定。

由于路堤低矮易受到地表水和地下水的不利影响,要做好矮路堤的排水设计,需设置边沟和排水渠,有地下水影响的路段需采取措施,排除、降低或隔断地下水。要注意路基表面的处理与加固。

(2) 高路堤设计要求  高路堤是指填方高度超过18m(土质)或超过20m(石质)的路基。高路堤占地较宽,填方数量比矮路堤要大得多,它的施工条件也较差。为了让路基边坡保持稳定性,经济适用性,需进行特殊设计。

一般应进行边坡稳定性分析,保证路基有足够的稳定性。断面形式通常采用折线形或阶梯形边坡。折线形为自上而下逐渐放缓边坡斜度,阶梯形是在中间设置护坡平台,平台上下段的边坡斜度可以相同或不同,路肩边缘设置土埂与护栏,路基宽度相应增加。路基边坡要进行必要的防护,必要时还要施加一定的加固措施。

对于填方路基,当地面横坡较陡,倾斜度超过1:5时,为保证路堤的稳定,应将天然坡面挖成规定台阶后再行填土,台阶宽度等于或大于1.0m,向内倾斜1%~2%,或将原地面凿毛(石质地面)。如果原地面倾斜度超过1:2,则宜采用砌石护脚等横断面形式,除保证稳定性外,砌石护脚还会起到减少填方数量和压缩路基占地宽度的作用。此外,在倾斜地面的填方上方坡脚,需采取措施阻止地面水渗入路堤内。

(3) 路堑路基设计要求  路堑路基涉及开挖,对原地层的平衡状态有影响,其稳定性主要取决于边坡开挖深度及边坡坡度,还与当地的水文地质条件等因素相关。因此,在进行路堑路基设计时,先要确定合适的开挖深度、边坡坡度和边坡形式,其中边坡形式可视开挖深度及地质情况采用直线或自上而下逐层放缓而成的折线形边坡。

路堑路基的排水设计对路基的稳定而言十分重要,路堑路基开挖后,原地层的形态遭到了破坏,其水文地质情况对路基边坡稳定、路基冲刷等影响较大,地质条件越差,水对路堑的破坏越严重,因此需设置边沟及截水沟或采取其他必要的排水措施。具体如下:

路堑边坡坡顶上方、距坡顶不小于5m处,应设置截水沟以拦截流向路基的地表径流,防止造成坡面冲刷或边沟溢流。路堑必须设置边沟,以排除边坡和路基表面的降水,边沟排水要设置适当的纵坡,对于较长的路堑地段,不宜设置纵向水平纵坡。对超过边沟允许水流冲刷的较大纵坡,必须设置平坡或陡坡,同时边沟要进行特别处治,如加深、加固或改用跌水与急流槽等其他排水设施。

对地下水文状况不利,经常产生水分聚积现象的地段,由于水分下渗极易导致路面破坏,因此对该地段路堑以下的天然地基要通过人工压实,达到一定的密实程度,必要时还应翻挖,重新分层填筑、换土或采取加铺隔离层。如果地下水位较高,必要时可设置地下排水设施。

天然地层开挖形成的路堑，其构造形式由当地的自然条件决定，如水文条件、地质构造、岩土性质等，因此路堑路基设计要考虑通风、环境以及日照等因素。此外若路堑成巷道式，行车视距较差、行车条件和景观要求低，施工比较困难，因此不宜采用深度较长的路堑。当因工程要求需采用路堑时，须选用合适的边坡坡度，加强排水，保证边坡稳定可靠。技术等级较高的公路，还必须进行平纵断面线形的组合设计，也要使道路景观和环境相协调。

### 3. 挖填结合路基要求

当公路线路通过山坡时，为减少路基土石方数量、避免高填方或深挖方，以保持路基土石方数量的挖填平衡，路基中心线设计标高多接近或等于原地面标高，此时即形成挖填结合的路基横断面，也叫半填半挖路基。

挖填结合路基横断面具有路堤、路堑各自的特点，因而在进行路基设计时要遵循上述路堤、路堑路基设计要点。半填半挖路基由原状地层和新填土组成，两者在沉降、稳定性等方面存在着较大的不同，所以要考虑周全并且根据实际情况需要采取相应措施。在较陡坡面上，半填半挖路基要着重考虑其稳定性的要求，宁挖勿填或多挖少填，横断面上尽量避免少填方；在陡峭山坡上，尤其是沿溪路线，要减少石方的开挖数量，以避免大量废弃土方阻塞溪流。如果山坡比较平缓，路中心线的挖填很少，路基将在全宽范围内形成半挖半填横断面，事实上山坡并非平整，路中心线标高受纵坡设计制约，因此上述断面的挖填比例随山坡横坡度变化而有很大变化。所以挖填结合的路基，在线形设计时，应进行路线的平、纵、横断面综合设计，并进行多个方案比较，选择最佳方案。

对于挖方部分，若边坡比较陡、坡面岩石性质较差，可选择减缓边坡坡度，或在坡脚处设置挡土墙来支撑边坡不发生滑动。若坡面为易风化的岩土体，在日晒雨淋及温差干湿循环作用下，极易产生坡面剥落或碎落现象，严重时会出现破碎岩土不断落下从而堵塞边沟，此时坡面需进行防护，同时也可在挖方坡脚处设置高度为1.0m左右的矮挡土墙。挖方部分应设置边沟或同时设置截水沟。

以上路基设计要求，其使用在很大程度上受到地形地貌、水文、地质等自然因素，线路走向及线型等其他人为因素的影响，在设计时应根据具体情况，围绕路基的稳定，进行在不同的地段采用适当的横断面形式及相应的工程措施。

### 4. 粉土路基的设计要求

结合上面的设计要求及相关分析，对粉土路基来说，防渗、排渗是其设计的基本原则。即在保证路基压实度和强度的基础上，防止雨水下渗是彻底解决路基病害的首要条件，因此应在路基表层中铺设隔水材料或封层进行封闭处理。

结合路基设计要求、填料要求及第4章中的土体改良方案及最佳掺入比相关内容，本章5.2节中提出了三种形式的粉土填料路基断面设计形式，具体的实际效果应根据试验段的建设和在高速公路中的实际使用效果而定。建议将挖方路段土优先用于路床顶面150cm以下，如有剩余，依次向更高层使用。

## 5.2 改良粉土路基断面设计

### 5.2.1 石灰改良粉土路基断面设计

**1. 路基断面设计**

图 5-3 所示给出了石灰改良土路基断面设计形式,石灰改良使粉土的击实性能改善、压缩性降低、渗透性降低、强度提高且费用较低,故推荐在该类土中优先使用。该设计的核心在于保证路基填土压实的基础上,在路基顶部和底部用石灰改良黏性土进行封层,周边用黏性土包边处理,以达到最好的防排水效果。

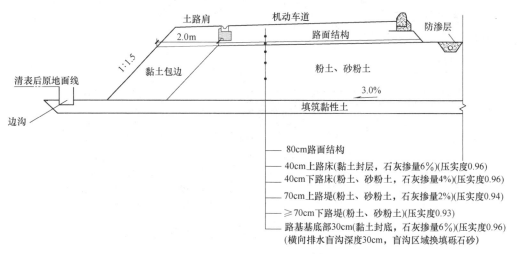

图 5-3 石灰改良粉土路基断面设计形式

表 5-1 给出了石灰土改良粉土路基填筑具体做法,其中石灰掺量为建议参考值,不同的工程需根据各自的试验段填筑结果进行调整。

表 5-1 石灰土改良粉土路基填筑方案

| 填土位置<br>(路槽地面以下深度) | 所用填料 | 掺入比 | 压实度 | 改良作用 |
| --- | --- | --- | --- | --- |
| 0~40cm 上路床 | 黏土 | 石灰 6% | 0.96 | 顶部封层 |
| 40~80cm 下路床 | 粉土、砂粉土 | 石灰 4% | 0.96 | 性质改良 |
| 80~150cm 上路堤 | 粉土、砂粉土 | 石灰 2% | 0.94 | 性质改良 |
| ≥150cm 下路堤 | 粉土、砂粉土 | 0 | 0.93 | |
| 路基基部 30cm | 黏土 | 石灰 6% | 0.96 | 底部封层 |

此外,粉土路基外设 2.0m 宽包边土,外侧 0.5m 范围内石灰掺量适当减小,以免影响护坡植草。包边土的选择优先考虑黏粒含量较高的黏性土、其次为现有挖

方段黏土的石灰改良土，若上述两种填土经过压实度和 CBR 测定不能满足要求，可考虑石灰改良的黏性土（石灰掺量为 3%~4%）。底部全断面填筑砾石，并在其顶部全宽铺设两层土工布。

此外，对于压实度 0.93 区段，除了采用现有的粉土、砂粉土填料外，也可采用上述填料和既有含黏粒粉土 1∶1 改良后的填料，尽管该填料 CBR 值较低，但黏聚力增加，水稳性能较高。

**2. 路基排水断面设计**

图 5-4 所示给出了石灰改良粉土路基排水断面设计形式。

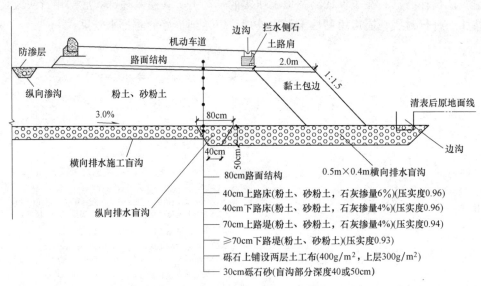

图 5-4　石灰改良粉土路基排水断面设计形式

排水设计时，在中央分隔带处沿路基全长设置纵向渗沟以排除地表水；在路肩位置设置拦水侧石，在路基坡面上设置急流槽、坡顶铺砌边沟以最大限度避免冲刷对包边土的影响；在路堤基底内靠近包边土的一侧沿全长设置高 0.5m、上底宽 0.8m、下底宽 0.4m 的纵向排水盲沟，每隔 50m 在路堤基底内设置高 0.3m、宽 0.4m 的横向盲沟，盲沟内用砾石砂换填；沿路基全长在路基两侧设置纵向排水沟，与盲沟形成流水通道。上述排水措施可形成有效的排水通道避免粉土路基内部积水。结合覆盖包边土，对黏土改良区域边坡宜种植紫穗槐等减缓雨水的冲击；对石灰改良土区宜采用干砌或浆砌片石护坡，并做好反滤层设置。

### 5.2.2　水泥改良粉土路基断面设计形式

有别于石灰土，水泥改良粉土对土体强度提高较大，尤其是黏聚力和 CBR 值得到了很大程度的提高，压缩性和石灰改良土相差不大，渗透性较素土提高，但是黏聚力的提高在一定程度上抑制了细小颗粒在水作用下的流失。因此尽管渗透性增加，但是水渗流过程中小颗粒的流失量降低，也会对路基起到一定的改良效果。此外，为了避免水泥含量过高可能出现的路基裂缝，建议将水泥含量控制在 6% 以内。

**1. 路基断面设计**

图 5-5 中给出了水泥改良粉路基断面设计形式，其中的水泥掺量为建议值，具体掺量应结合路基试验段进行调整。

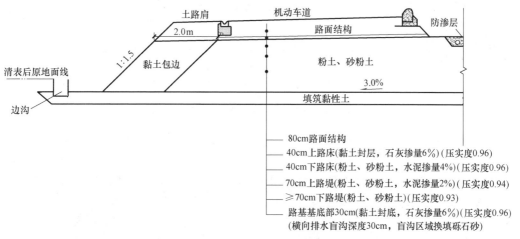

图 5-5 水泥改良粉土路基断面设计形式

表 5-2 给出了填筑具体做法。其中石灰、水泥掺量为参考值，具体应根据试验段进行调整。

表 5-2 水泥土改良路基填筑方案

| 填土位置<br>（路槽地面以下深度） | 所用填料 | 掺入比 | 压实度 | 改良作用 |
|---|---|---|---|---|
| 0~40cm 上路床 | 黏土 | 石灰 6% | 0.96 | 顶部封层 |
| 40~80cm 下路床 | 粉土、砂粉土 | 水泥 4% | 0.96 | 性质改良 |
| 80~150cm 上路堤 | 粉土、砂粉土 | 水泥 2% | 0.94 | 性质改良 |
| ≥150cm 上路堤 | 粉土、砂粉土 | 0 | 0.93 | |
| 基底下 30cm | 黏土 | 石灰 6% | 0.96 | 底部封层 |

此外，填粉土路基外设 2.0m 宽包边土，包边土的选择优先考虑黏粒含量较高的黏性土、其次为现有挖方段黏土的石灰改良土，若上述两种填土经过压实度和 CBR 测定不能满足要求时，可考虑石灰改良的黏性土（石灰掺量 3%~4%）。

**2. 路基排水断面设计**

图 5-6 所示给出了水泥改良粉土路基排水断面设计形式，排水设计同石灰改良方案。

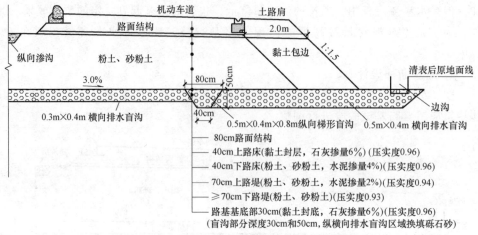

图 5-6 水泥改良粉土路基排水断面设计形式

### 5.2.3 土工织物综合改良路基断面设计形式

通过第3章的试验，该素土的CBR值为8.7，基本满足高速公路路基压实度0.96的要求，完全满足压实度0.93、0.94的要求。强度低是该粉土的问题之一，难压实是问题之二，水稳性差是问题之三。这三个问题中，按照规范要求，CBR基本满足要求；压实问题通过精细的施工质量控制、良好的施工工艺，如后面所说的稳压+弱振碾压+强振碾压+胶轮碾压+冲击碾压可以保证的话，可以尝试采用图5-7中的路基断面设计形式。

在该设计中，摒弃了之前所说的土性改良提高强度、降低压缩性、增加水稳性的思路，而完全是在强度、压实满足要求的情况下基于防渗、排渗的理念来进行的设计，设计的实际效果需通过试验段和实际工程中的应用加以最终评判。

**1. 路基断面设计**

图5-7所示给出了土工织物综合改良路基断面设计形式。

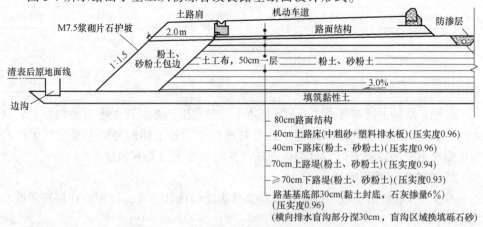

图 5-7 土工织物综合改良路基断面设计形式

表 5-3 给出了土工布综合改良路基填筑建议做法。

表 5-3 土工布综合改良路基填筑方案

| 填土位置<br>（路槽地面以下深度） | 所用填料 | 附加措施 | 压实度 | 改良作用 |
|---|---|---|---|---|
| 0~40cm 上路床 | 中粗砂 | 塑料排水板 | 0.96 | 顶部封层 |
| 40~80cm 下路床 | 粉土、砂粉土 | 土工布 50cm 一层 | 0.96 | 性质改良 |
| 80~150cm 上路堤 | 粉土、砂粉土 | 土工布 50cm 一层 | 0.94 | 性质改良 |
| ≥150cm 上路堤 | 粉土、砂粉土 | 土工布 50cm 一层 | 0.93 | 性质改良 |
| 基底下 30cm | 黏土 | 石灰 6% | 0.96 | 底部封层 |

此外，填粉土路基外侧设 2.0m 宽包边土，仅用粉土或粉砂土包边处理，若压实度不能满足要求，可考虑粉土、粉砂土的掺灰处理，外侧施做 M7.5 浆砌片石护坡。

**2. 路基排水断面设计**

图 5-8 所示给出了土工布综合改良路基排水断面设计形式，其排水设计同石灰、水泥改良方案。

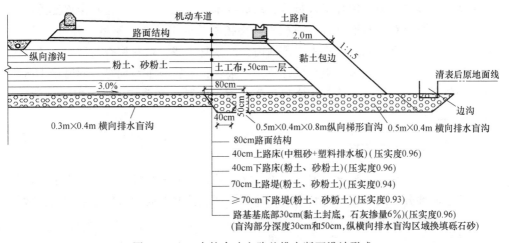

图 5-8 土工布综合改良路基排水断面设计形式

**3. 路基特点**

该路基的设计特点如下：填料不改良，就地取材；省去改良费用，减少环境污染。沿路基高度，每隔 50cm 全断面铺设土工布，并进行反包边处理，相邻两层反包边搭接长度不小于 2m，保证包边质量。边坡处 2m 范围内进行粉土或砂粉土包边处理，若压实度不能满足要求，可考虑粉土、粉砂土的掺灰处理，外侧施做 M7.5 浆砌片石护坡。在基床顶部 30cm 进行中粗砂换填，并在中粗砂中铺设塑料排水板，起到排水、防水的功效。

该方案实施的前提必须是现有路基填料的压实质量得到足够保证。

# 第6章 路基施工

## 6.1 施工准备

路基工程开工前组织技术人员认真完成技术准备工作,主要包括全面熟悉施工设计图并进行核对;全面进行地质核查;交接桩及施工复测;测量、补桩、画线、复测导线点和水准控制点并在施工范围内全面恢复中线;填料调查及试验;建设工地实验室;编制实施性施工组织设计及开工报告;进行技术培训等。同时施工队完成现场各项准备工作,主要包括修建进场便道、设置排水系统,建级配碎(砂砾)石、改良土拌合站等。

### 6.1.1 熟悉设计文件

施工前仔细阅读工程设计图和相关技术文件,全面领会设计意图,检查图样与其各个组成部分之间有无矛盾和错误,并核对现场情况,同时做出详细记录,做好图纸会审工作和前期准备工作。

### 6.1.2 施工测量

在粉土路基开工前,需进行施工测量。量测内容主要包括导线、路基中线及高程复测,水准点复测与增设,横断面的测量与绘制等。当完成所有测量内容,并对测量结果进行记录、整理、报监理工程师批准后,方可进行路基施工。

1. 导线复测

使用已检验、校正过的全站仪进行导线复测。复测过程中,若原有导线点不能满足施工要求时,须加密导线点,以保证在全路段施工过程中,相邻导线点间能相互通视。导线复测时,需检验本路段导线与相邻施工段导线之间的闭合情况,当不符合精度要求时,上报现场监理工程师进行协商处理。

**2. 水准点复测与增设**

按照 GB/T 12898—2009《国家三、四等水准测量规范》中四等水准测量相关技术要求，对设计单位提交的水准点起、终点与附近国家水准点进行联测，对所有水准点进行复测。

复测过程中，根据实际施工需要，可对水准点进行适当的加密或改移。其中水准点增设原则：沿路线每 500m 应设有一个水准点，增设的水准点设在便于观测的坚硬基岩上或永久性建筑物的牢固处，且应满足相应等级精度要求。此外，在结构物附近、高填深挖、工程量集中及地形复杂地段应增设水准点。

**3. 中线复测**

粉土路基开工前，采用坐标法对施工段的路基中线进行全面恢复，并固定路线主要控制桩。恢复中线时，应检查结构物中心、相邻施工段的中线闭合差，当不满足精度要求时，需上报现场监理工程师协商处理。

**4. 路基施工测量**

粉土路基施工之前，需根据恢复的路线中桩和设计相关图表，用全站仪放出路基用地界桩、路堤坡脚、挖方坡顶、护坡、边沟、截水沟、借土场、弃土场等的具体位置，标明其轮廓，上交监理工程师检查批准。

施工测量的精度应符合 JTG C10—2007《公路勘测规范》的要求，施工放样应符合 JTG/T 3610—2019《公路路基施工技术规范》的规定。

## 6.1.3 调研与前期实验

路基施工前，需对沿线施工范围内的工程地质、水文状况、现有文物和障碍物、地下管线等情况进行调查，并通过取样、试验等方法确定其性质和范围。

对挖方段用于路堤填方的填料，需进行复查和试验。试验内容包含土的液塑限、塑性指数、天然稠度、颗粒分析、含水量、密度、相对密度、击实、承载比（CBR 值）、有机质含量及易溶盐含量等。全面掌握挖方段填土的性质，评判其是否可被直接或改良后用于填方段路基。

## 6.1.4 场地清理

路基施工前，需清除施工范围内的树木、灌木、垃圾、有机物残渣及地表以下至少 30cm 内的草皮、树根和表土，并运往指定的弃土场。对于路堑路段的边坡开挖线至截水沟范围内的原生植被应予以保留。填平夯实路基范围内的坑穴，并对填土进行碾压以使压实度不小于 0.90。

对路基用地范围内的道路、河流、沟渠依据设计文件进行改移处理，并协助相关部门做好路基内构造物的拆迁工作。拆除既有结构物或障碍物；既有结构物的地下部分，其挖除深度和范围应符合设计图的要求；结构物拆除后的坑穴立即回填并压实。对于跨越河流、鱼塘地段，应采取措施排除积水，清除不适宜材料，按照设计文件要求的施工工艺进行填前处理。调查沿线电缆、光缆平面位置,确定埋深,并按设计要求进行改移或埋设明显标志。

路基放样结束将填筑范围内的树木进行砍伐清理,将原地面表层的杂草、树根等杂物全部按设计要求清理干净,并挖好临时排水沟。在填筑前按照设计和规范要求进行基底清理、平整和碾压作业,使基底土层的强度和密度达到设计标准。基底按规定做出地面横坡,对不符合规定的原地面横坡要进行处理,使地面平顺无坑,以利于排水。对有地下裂隙水的部位,设置排水盲沟。

### 6.1.5 其他

修建临时排水设施,做到永、临结合,`以保证施工场地处于良好的排水状态;修建临时房舍,以备工作人员办公和生活所用;规划作业程序、机械作业路线,做好土石方调配方案;修建临时便道,以便土料运输。

## 6.2 基底处理

### 6.2.1 一般基底处理

一般土质地段,先清除30cm厚表层土后,用压路机碾压,压实度(重型)不小于90%,再挖台阶,台阶宽度≥2m,阶面向内倾斜4%,并视地下水情况设置纵、横向盲沟。石方地段,当地面横坡为1:5~1:2.5且基岩面上的覆盖层较薄时,先清除覆盖层后再挖台阶。

### 6.2.2 软弱地基处理

不同土类的软弱地基,采用不同的处理方法。

对地表土质湿软地段,在填筑前先进行开沟、拦截、引排地表水,进行疏干和晾晒后,进行压实及后期路堤填筑。

对局部水塘地段,采用围堰、抽水、清淤、换填透水性材料。对杂填土地段,先挖除杂填土,然后用合格路基填料进行填筑。

### 6.2.3 粉土路基底30cm范围内的换填处理

当粉土路基底部的开挖宽度和深度达到设计要求后,在该区域内用黏土换填,里面掺加6%的石灰,用重型压路机对换填石灰黏土进行压实,达到0.96的压实度。当含水量不佳时,应洒水闷料或晾晒后以保证压实度。同时在该区域内设置纵横向排水盲沟,详见第5章中路基断面设计。换填施工工艺流程如图6-1所示。

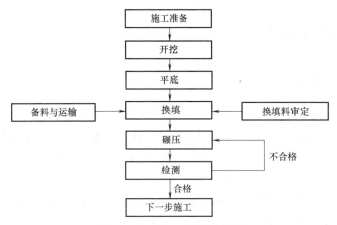

图 6-1 换填施工工艺流程图

## 6.3 路基试验段施工

为指导路基填筑施工，掌握路基填筑施工的参数，保证路基工程质量达到优良，在正式施工前对不同填料、不同改良措施的路基进行工艺试验，确定填筑及改良工艺、技术参数及质量控制措施。通过试验段确定本标段各种路基填料的填筑厚度、最佳含水量、碾压遍数及各类机具的合理配置等方案，结合设计、规范要求，以此指导本标段的路基填筑施工。

具体为选择一段 100～200m 长的填方路基作为试验段，填料为粉土、灰土、黏土或土石混合料，按照第 5 章中给出的路基设计断面形式进行填筑，在填筑过程中进行以下试验并记录。试验内容包含压实设备的类型选择、最佳组合方式确定；压实设备碾压遍数、碾压速度及碾压顺序；确定每层填料的含水量、灰土最佳掺入比和土料松铺厚度等。

通过以上试验结果，绘制填料厚度、含水量、压实设备、压实方法、压实遍数与设计指标相关的规律曲线，确定施工最佳参数。

路基填料最小强度和最大粒径应符合表 6-1 的要求。

表 6-1 路基填料最小强度和最大粒径要求（重型击实试验）

| 项目分类<br>（路槽地面以下深度） | | 最小强度（CBR）(%) | | 最大粒径<br>/cm |
|---|---|---|---|---|
| | | 高速公路及一级公路 | 二级及以下公路 | |
| 路堤 | 上路床（0~30cm） | 8.0 | 6.0 | 10 |
| | 下路床（30~80cm） | 5.0 | 4.0 | 10 |
| | 上路堤（80~150cm） | 4.0 | 3.0 | 15 |
| | 下路堤（大于150cm） | 3.0 | 2.0 | 15 |
| 零填及路堑路床 | | 8.0 | 6.0 | 10 |

注：表中上下路堤最大填料粒径15cm的规定不适用于填石路堤和土石路堤。

## 6.4 填土路堤施工

### 6.4.1 施工流程

逐段对路基进行放样，并用白灰标定出路基的边界范围。路堤填筑前，先根据填土高度和试验确定的分层厚度、压实机械及技术参数等，计算出分层数、松铺厚度及碾压遍数，现场绘出分层施工图，以便控制填土厚度，科学安排施工进度，合理调配施工机械。

按照试验段中得到的施工参数、施工机械组合及碾压工艺等内容，按照图6-2所示的"三阶段、四区段、八流程"的方法进行路基填筑施工。

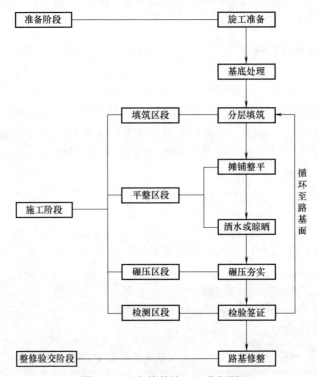

图 6-2  土方填筑施工工艺框图

按填筑分层和作业区分段的方式，对路基进行横断面全宽、纵向分层填筑。填筑过程中采用推土机配合装载机或挖掘机进行装料，自卸汽车进行运输，推土机配合平地机摊铺平整，振动压路机压实。填筑过程中应注意以下事项：

1) 路基施工不能对原来的地貌产生破坏作用，对原有植被需进行重点保护，且要保证周边土体结构不受扰动。

2) 路基施工前要做好防、排水工作，当填筑区段地下水位较高时，需施做盲沟或其他有效措施进行地下水的引排工作。

3）施工中需认真做好原始记录，并及时进行资料积累，对不良地段的路基要按照不良地段的实际情况制订措施进行全面、综合观测，以指导安全施工。

4）对当天运输至路基的土料，要做到当天摊铺、当天碾压成型。

5）在路基施工期间，应加强与当地气象部门的联系，随时注意天气预报，提前做好雨期施工的各项安排和准备。

### 6.4.2 一般填料路基填筑方法

一般填料指 A、B 组填料中的块石、碎石、砾石类填料。

**1. 施工工艺流程**

一般路基填筑施工工艺流程如图 6-2 所示。

**2. 施工工艺**

由于施工准备和基底处理分别在 6.1 和 6.2 中进行了论述，所以此处不再详述。

（1）分层填筑　路堤填筑采取横断面全宽、纵向分段、分层的方法进行填筑。为保证路基达到预定的压实度，需严格控制填土的松铺厚度，每层松铺厚度不大于 30cm，且须满足路基试验段填筑时所确定填土厚度要求。为控制摊铺厚度，在路肩位置竖立标尺杆，每层填筑按松铺厚度一次到位。当地面有坡度，从低处开始进行分层填筑；当原地面高低不平时，从最低处分层填筑，由两边向中心填筑。为保证路堤全断面的压实度一致和完工后的路堤边缘有足够的压实度，边坡两侧各超填 0.5m，竣工时修坡整平。

（2）摊铺整平　填筑施工根据现场施工条件，采用推土机配合挖掘机或装载机装车，自卸汽车运输。施工前，根据填筑高度及由试验段得到的分层厚度、压实系数，由技术人员制订出计划分层数、压路机走行速度、碾压遍数，并绘出分层施工图，向施工队长、领工员、指挥卸土人员、压路机驾驶人进行书面交底。

为节省摊铺平整时间，土料填筑前，在运送填料时，严格控制倒土密度，根据车载量及松铺厚度计算卸车密度即卸土间距，再由专人指挥将土料卸在路基上合适的地方。施工队长、领工员负责控制松铺厚度，并掺入机械随时进行厚度调整。

填筑段在卸土的同时，即采用推土机进行推平，推土机完成一个区段的推平后，采用平地机进行整平，做到填铺面在纵向和横向平顺均匀，以保证压路机压轮表面能均匀地接触填铺面进行碾压，达到碾压效果。平地机行驶路线从两侧纵向行驶，逐步向路基中心刮平，同时用人工铲填平凹坑，以保证压实质量。整平同时每层按要求设置路拱。

摊铺时边坡两侧各加宽 0.5m，在摊铺的同时利用推土机对路肩进行初步压实，并保证压路机压到路肩时不致发生滑坡。

（3）洒水或晾晒　路堤填筑时，应随时检测填料含水量。对于细粒土、黏砂土，碾压前应控制填料含水量不超过试验段填筑试验中求得的最佳含水量的±2%。当含水量较低时，应在土场加水闷料，或在表面洒水并尽可能地搅拌，以保证填料的含水量达到最佳含水量，待提高含水量后再摊铺碾压。当含水量超过规定值时，则在摊铺后先晾晒，或在路堤填料上用铧犁、旋耕犁翻晒，或适当减小填层松铺厚度，降低填料的含水量，待含水量降低至最佳含水量时再碾压，使填料含水量始终控制在施工允许含水量的范围内，以保证最佳压实效果。在洒水或晾晒时，前后两区段交叉施工。

在必要条件下，可用生石灰对土体进行改良来降低含水量，从而加快填筑速度。

(4) 碾压夯实　根据不同的填料情况，选择合适的碾压机械；根据填料种类、填土厚度和密实度标准，按路基试验段测试得到的数据控制压实遍数。

填料须符合设计要求，同时满足表6-1的要求。为避免路基两侧出现不均匀沉降，同一作业区每一水平层的全宽内尽量采用同一种填料。若采用不同填料填筑，禁止各种填料混杂填筑；每一水平层的全宽用同一种填料填筑，且要减少不同填料的层数；各种填料要独立、分层填筑，且每种填料连续压实厚度不得少于50cm，并做成横向4%的排水坡。每一填筑层必须满足设计要求的平整度，在成型路基面上合理设置路拱，以保证雨天时，路基填筑面上不积水。路拱应在第一层全断面填筑时设置完毕，从第二层开始采用等厚填筑。

一般填料路基填土压实作业多采用光轮压路机配合重型振动压路机碾压。填土的碾压直线段由两边向中间进、退式碾压，曲线段则采用先内侧后外侧碾压。路基填筑搭接处，对于横向接头，要求重叠0.4~0.5m以上或三分之一轮宽左右，对于沿长度方向的前后相邻段搭接应重叠至少1.5~2.0m。

压实前，进行检查，确认填土层厚度及平整度符合要求后，再进行碾压。用振动压路机进行碾压时，第一遍静压，然后先慢后快，由弱振至强振，最快行驶速度控制在4km/h，由两边向中央纵向进退式进行。做到压实均匀，没有漏压、死角。按照压实部位密度标准、填土层厚度及控制压实遍数进行压实。压实遍数由试验人员根据试验段确定的压实系数提供。经密度和K30检测合格，且监理平行检测合格后，方可转入下一道工序。不合格时进行补压，直至合格。

为确保边坡压实质量与路堤全断面一致，边坡两侧各超填0.5m，待路基防护施工工程施工前，用人工配合挖掘机进行这部分填土的刷坡处理。每层路基填筑压实完毕后，均应测量放出边线，洒上石灰线，以控制上层土体的填筑，确保路基侧面边坡坡率符合设计要求。

对边坡附近的压实，先利用推土机对路肩进行初步压实，压到路肩不发生滑坡，然后再利用压路机碾压。压路机外轮缘与超填路基边线之间的距离需保持30cm左右，以保证压路机的安全。对压路机不宜碾压的地方，则应采用小型打夯机具夯实。

由于粉土路基的碾压夯实机理、工艺均比较复杂,所以这部分内容详见第7章粉土路基碾压技术。

(5)检验签证　路基施工试验检验的内容包括填料适用性、填土压实质量和填筑厚度检测等,其中填土压实质量检测最为重要,是每层填土完成后都必须进行的工作,且需与路基填土分层填筑、碾压施工同步进行。

具体做法为,当某层路基填筑完成后,在路基填土填料质量、填筑厚度、填层面纵横方向平整均匀度等均符合规范要求的基础上,在路基现场,对细粒土多采用核子密度仪和K30荷载板进行压实系数和地基系数的测定,对粗粒土和碎石类土多采用K30荷载板和灌砂法进行地基系数和孔隙率的检测,试验值达到规范及设计标准后方可进行下一层的填筑。

路基填筑完成后,需按验标要求对填料质量、填筑厚度、填层面纵横方向平整度、路面坡、压实质量、边坡质量等进行检查验收,需满足表6-2的要求,达不到标准的按要求进行整修,合格后予签证。

(6)路基整修　路基按设计标高填筑完成后,需进行修整和测量,具体内容包括路基面的排水横坡修整、平整度修整和边坡修整等,且修整应严格按照路基结构设计尺寸进行,达到技术标准要求。

路基修整时,首先需恢复路基中线,在路基顶面上每隔20m设一个断面三个桩(两个边桩,一个中桩),进行路基水平标高测量;然后计算修整高度,施放路肩边桩,修筑路拱,并用平碾压路机碾压一遍,使路基面光洁无浮土,横向排水坡符合要求。

对于细粒土边坡,需依据路肩边线桩,采用人工方式,按设计坡度挂线,并刷去超填的部分后,进行整修并拍实。整修后的边坡要求达到转折处棱线明显,直线处平直,变化处圆顺,做到坡面平顺没有凹凸,压实度达标。

土质路基施工质量标准见表6-2。

表6-2　土质路基施工质量标准

| 项次 | 检查项目 | 规定值或允许偏差 | 检查方法和频率 |
| --- | --- | --- | --- |
| 1 | 压实度 | 符合规定 | 施工记录 |
| 2 | 弯沉(0.01mm) | 不大于设计值 |  |
| 3 | 纵断面高程/mm | +10,-15 | 水准仪:每200m测2个点 |
| 4 | 中线偏位/mm | 50 | 全站仪:每200m测2点,弯道加HY、YH两点 |
| 5 | 宽度 | 不小于设计值 | 尺量:每200m测4处 |
| 6 | 平整度/mm | ≤15 | 3m直尺:每200m测2处×5尺 |
| 7 | 横坡/(%) | ±0.3 | 水准仪:每200m测2个断面 |
| 8 | 边坡坡度 | 不陡于设计坡度 | 每200m抽查4点 |

### 6.4.3 改良土填料填筑方法

填料改良主要分为化学改良及物理改良两种，化学改良系指细粒土中掺入水泥或石灰进行改良，物理改良系指掺入粗骨料（如砂、卵、砾、碎石）进行改良，改良土均采用场拌法生产，质量标准必须满足设计要求。

**1. 改良土生产及运输**

（1）施工准备　施工前，做好拌和站的规划建设工作，做好碎土设备及稳定土拌和站设备的安装、调试和计量设备的标定等工作。做好室内掺入比设计、施工掺入比设计、试样检测试验等。

（2）机械选型及布置　利用现场路基范围内的粉土和路堑地段调配过来的粉土作为填方原料。为了保证拌和质量，满足石灰、水泥改良土的细度要求，采用YST—600A液压碎土设备先进行破碎，然后用WBS300型自动计量拌和站拌和。

先破碎后拌和的机械布置如图6-3所示。

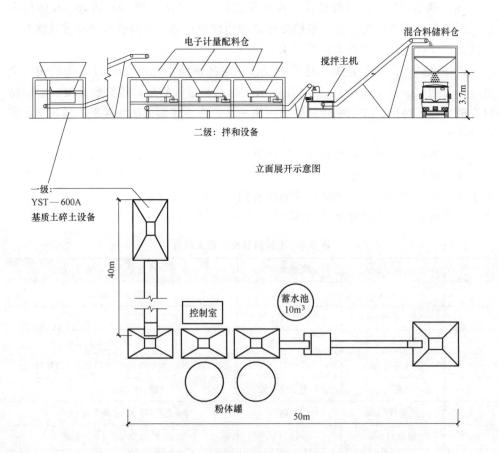

图6-3　石灰、水泥改良土二级厂拌法机械平面布置图

（3）破碎工艺　碎土设备和稳定土拌和站在平面上按 L 形进行布置，如图 6-3 所示。填筑原料粉土直接进入拌和站配料仓。粉土原料正式破碎前，须与下级稳定土拌和站进行联动联调，使两级设备的生产能力协调一致，以便达到最佳的质量和经济效果。

原料土的粒径须小于碎土设备的破碎能力，对粒径超限的土团进行剔除或改小。植物根茎在取土源处进行预先清除。

后台上料选用装载机上料。破碎出料运输皮带的落料口对准下级稳定土拌和站的配料仓漏斗，以便破碎土快速通过漏斗进入搅拌筒。

添加改良剂。如图 6-3 所示，配备 2 只 100t 的粉体罐，一只储存石灰粉体，一只备用储存水泥粉体。改良剂粉体通过螺旋输送器添加到配料仓。

（4）拌和工艺　在正式拌和前，采用 YST-600A 液压碎土设备对填料进行粉碎处理，并调试所用的厂拌设备，保证拌和均匀。接下来，采用 WBS300 拌和站对已破碎的填料进行拌和。在设定拌和产量时，将拌和产量设定在略大于破碎机产量的工况，使拌和站配料仓保持较少的存料，防止拌和站配料仓因进料过快，而出现"黏""堵""拱""卡"的现象。改良土的含水量低于设计要求时，在拌和站这一级，在设备中加水拌和。拌和中可采用雾化加水技术，通过精密计量装置对加水量进行控制。在拌和过程中，需跟班检测填料土和改良土混合料的实际含水量，当和填筑要求的含水量有差异时，要进行实时调整。拌和成品混合料经皮带机运送进入储料仓。

（5）混合料运输　混合料需采用 15t 以上大型自卸车运输，同时为防止成品仓储料过多、时间过长造成混合料"黏""堵""拱""卡"等现象，至少需安排 3 台车在成品仓前等待装料。在气候干燥、水分蒸发过快的天气条件下进行混合料运输时，需在车斗加苫布覆盖，以保证混合料的含水量保持在允许的误差范围内。运料车行驶过程中，不得在新铺且未碾压成型的层面上行驶。

**2. 填筑施工**

正式填筑前，和一般填料路基施工一样，先进行试验段施工，通过试验选定改良土的松铺厚度、压实厚度、压实方法（含机械组合）、碾压含水量等，报监理工程师批准后指导施工。填筑施工相关要求如下：

施工前要做好施工准备，主要包含路堤本体的检查验收、改良土下填筑土层的检查验收、改良土填筑宽度放样、施工设备的选型与配套，以及和施工人员的技术交底与培训等工作。

改良土填筑前应根据所选的机械和填料种类进行填筑工艺试验，其中试验段的长度不小于 50m。

改良土填筑按图 6-2 中"三阶段、四区段、八流程"的施工工艺组织施工，且每个区段的长度应根据使用机械的能力、数量确定，一般宜在 200m 以上或以构造物为界。各区段或流程内严禁几种作业交叉进行。

改良土填筑按照横断面全宽、纵向分层填筑。每层压实厚度不大于30cm，并且最小压实厚度不宜小于10cm。填料摊铺使用推土机进行初平，再用平地机进行平整，对于出现的坑洼进行平整。填层面无显著的局部凹凸，并做成向两侧的横向排水坡。

改良土混合料填筑时，必须严格控制混合料出场时的含水量，使其在工艺试验确定的施工允许含水量范围内。施工前做好场地的临时排水和防雨措施。严禁雨天作业，避免低温施工、人为停工。确需停工时，必须做好改良土混合料的养生工作，以防止水分流失。

当改良土混合料的含水量接近试验测得的最佳含水量时，用重型压路机在路基全宽内将混合料碾压至要求的压实密度，且表面无明显的轮迹。应按先两侧后中间，先静压后弱振、再强振的操作程序进行碾压。各种压路机的最大碾压行驶速度不宜超过4km/h。各区段交接处，应互相重叠压实，纵向搭接长度不应小于2m，沿线路纵向行与行之间应压实重叠0.4~0.5m，上下两层填筑接头应错开不小于3.0m。

改良土施工完后，应进行洒水养护，防止表面开裂，洒水养护次数应根据气温确定，以不干燥、不裂纹为原则。

### 6.4.4 填石路堤填筑方法

路基基床范围内需填筑碎石，路桥过渡段的桥头锥坡范围内需填筑碎石。

**1. 填石路堤施工工艺流程**

填石路堤施工工艺流程如图6-4所示。

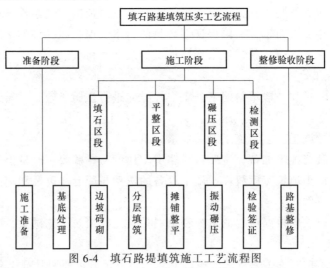

图6-4 填石路堤填筑施工工艺流程图

**2. 填石路堤施工方法**

用于路基填筑的石料，优先选择符合规范要求、级配良好的石料，其最大粒径不超过层厚的 2/3。对于较大粒径石料，可采用碎石机或小炮破碎后再装车运至填筑路段。利用石方填筑路堤时，对移挖作填的近距离石方采用推土机填筑施工，较远距离的石方先用挖掘机、装载机装石方，然后用自卸汽车运输，再用人工辅助推土机整平，最后用重型振动压路机碾压密实。

填筑时，应采用横断面全宽、纵断面分层填筑压实，每层填筑厚度按规范要求或由试验段工艺试验确定。较大石块填筑前进行破碎解体或码砌于坡脚，并在填筑前提前安排好车辆运行路线，由专人指挥卸料，先低后高，先两侧后中间，然后用推土机均匀整平，使石料之间无明显高差，个别不平地段人工配合用细料找平。

碾压采用振动压路机分层碾压，直至压实层顶面稳定、无下沉、石块紧密，表面平整为止。碾压时横向区段应重叠 0.4~0.5m，前后相邻区段应重叠 1~2m。

**3. 路基填筑质量检验**

填石路基填筑质量检测多采用核子密度仪和 $E_{vd}$ 动弹模量检测仪进行测定，之后根据试铺段建立的核子密度仪和灌砂法之间的关系，利用 $K30$ 和 $E_{vd}$、$E_{v2}$ 法之间的相互关系进行初步判断，待达到要求后，再用灌砂法和 $K30$ 进行检测。这样做的目的是提高检测效率，确保检测的时效性和真实性，避免因路基压实质量不合格而引起的重复检测。

（1）路基基床表层级配砂砾石或级配碎石压实标准 基床表层填筑压实标准按表 6-3 的要求，采用地基系数 $K30$、动态变形模量 $E_{vd}$ 和孔隙率 $n$ 三项指标控制。基床表层外形尺寸允许偏差按表 6-4 的要求控制。

表 6-3 基床表层填筑压实标准

| 填料 | 压实标准 | | |
|---|---|---|---|
| | 地基系数 $K30$（kPa/m） | 动态变形模量 $E_{vd}$/MPa | 孔隙率 $n$ |
| 级配砂砾石或级配碎石 | ≥190 | ≥55 | <18% |

表 6-4 基床表层外形尺寸允许偏差

| 序号 | 项　目 | 允　许　偏　差 |
|---|---|---|
| 1 | 中线高程 | ±10mm |
| 2 | 路肩高程 | ±10mm |
| 3 | 中线至路肩边缘 | 0，+20mm |
| 4 | 宽度 | 不小于设计值 |
| 5 | 横坡 | ±0.5% |
| 6 | 平整度 | 不大于 10mm |
| 7 | 厚度 | −20mm |

（2）路基基床底层压实标准、外形尺寸允许偏差 基床底层压实质量按表 6-5 的要求，同样采用地基系数 $K30$、动态变形模量 $E_{vd}$、压实系数 $K$（或孔隙率 $n$）

三项指标控制。

表 6-5 基床底层压实质量标准

| 填料 | 压实标准 | 改良细粒土 | 砂类土及细砾土 | 碎石类及粗砾土 |
|---|---|---|---|---|
| A、B组填料及改良土 | 地基系数 $K30$ /MPa/m | ≥110 | ≥130 | ≥150 |
| | 动态变形模量 $E_{vd}$/MPa | ≥40 | ≥40 | ≥40 |
| | 压实系数/$K$ | ≥0.95 | — | — |
| | 孔隙率/$n$ | — | <28% | <28% |

注：当改良采用物理改良方法时，其压实标准应符合本表规定；当采用化学改良方法时，其压实标准除符合本表规定外，还应符合设计提出的技术要求。

（3）基床以下路堤填料及压实标准　原则上采用A、B组及C组中的块石、碎石、砾石类填料及改良土。但必须满足颗粒细度及级配要求，对细粒土（膨胀土、有机土等性质不稳定的土除外）、粉土和易风化软岩块石及其风化物等C组填料，应进行改良，同时采取边坡加筋、坡面防护等加固措施。

不同性质的填料应分别填筑，不得混填。每一水平层的全宽应用同一种填料填筑，每种填料层累计总厚不宜小于50cm。当上、下相邻填层使用不同种类及颗粒条件的填料时，其粒径应符合 $d_{15}/d_{85} \leq 4$（两层渗水土间）或 $d_{15} \leq 0.5mm$（非渗水土与渗水土间）的要求。否则，两层之间应铺设起隔离作用的土工合成材料。

路堤应沿横断面全宽、纵向分层填筑。当原地面高低不平时，应先从最低处分层填筑，两边向中部填筑。路基边坡两侧的超填宽度不宜小于50cm，竣工时应刷坡整平。

分层填筑厚度应根据压实机械压实能力、填料种类和要求的压实密度，通过现场工艺试验确定。采用碎石类土和砾石类土填筑时，分层的最大压实厚度不应大于40cm；采用砂类土和改良细粒土填筑时，分层的最大压实厚度不应大于30cm。分层填筑的最小分层厚度不宜小于10cm。

基床以下路堤填筑压实质量按表6-6的要求控制。其中改良细粒土采用 $K30$ 和 $K$ 两项指标，砂类土、细砾土、碎石类及粗砾土采用 $K30$ 和 $n$ 两项指标。

表 6-6 基床以下路堤填筑压实质量标准

| 填料 | 压实标准 | 改良细粒土 | 砂类土及细砾土 | 碎石类及粗砾土 |
|---|---|---|---|---|
| A、B组及C组（不含细粒土、粉砂及易风化软质岩）填料及改良土 | 地基系数 $K30$/（MPa/m） | ≥90 | ≥110 | ≥130 |
| | 压实系数 $K$ | ≥0.90 | — | — |
| | 孔隙率 $n$ | — | <31% | <31% |

基床以下路堤顶面外形尺寸允许偏差按表6-7的要求控制。

表 6-7 基床以下路堤顶面外形尺寸允许偏差

| 序号 | 项 目 | 允 许 偏 差 |
|---|---|---|
| 1 | 中线至边缘距离 | ±50mm |
| 2 | 宽度 | 不小于设计值 |
| 3 | 横坡 | ±0.5% |
| 4 | 平整度 | 不大于 15mm |

**4. 路堤边坡**

路堤边坡采用加宽超填法或专用边坡压实机械施工。当采用加宽超填方法时，超填宽度不宜小于 50cm。

路基施工时，填筑面应平整，并根据现场情况做必要的截水沟和急流槽等截、排水设施。

路基刷坡宜用刷坡机械进行刷坡。机械刷坡时应根据路肩线用坡度尺控制坡度。人工刷坡时采取挂方格网控制边坡平整度和坡度，方格网桩距不宜大于 10m。

## 6.5 土方路堑施工

该标段路基工程中存在部分路堑工程，粉土路基填筑时土料的部分来源即为挖方段挖出的土体。

### 6.5.1 施工流程

土方路堑段施工工艺流程如图 6-5 所示。

土方路堑段施工注意事项：

在路堑施工前，根据现场收集到的资料，核实工程数量、工期要求和施工难易程度，核算工程人员、设备、材料投入，并编制实施性施工组织设计和分项方案设计。路堑实际开挖前，应核对地质资料，开挖后如发现与设计地质资料不符，需及时上报协商处理解决方案。

路堑开挖前，需测量放线，根据设计挖深及边坡坡度推算测出开挖边界，并在路堑顶部提前进行截水沟的修建，开挖时应采用由高到低、从上而下、由里向外逐层开挖的方法，最后刷坡至边坡线，严禁掏底开挖。开挖过程中要经常放线，检查开挖宽度、坡度，及时纠正偏差，避免超欠挖，保持坡面平顺。

### 6.5.2 施工方法

土质路堑的开挖多采用挖掘机、推土机进行。开挖时按自上而下、纵向水平分层、逐层顺坡开挖的方法进行，严禁掏底开挖。开挖时，先用挖掘机将土方装入自卸汽车运输，再人工刷坡修整，并及时做好相应的临时排水设施，保证开挖过程中

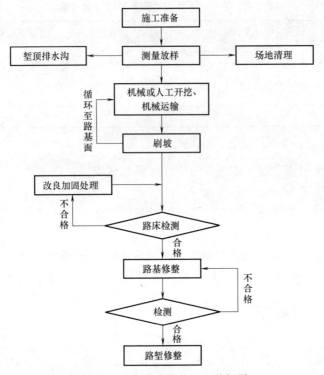

图 6-5 土方路堑段施工工艺框图

路堑的排水系统畅通。

对基床换填、边坡防护封闭、支挡工程等内容，应与开挖紧密衔接。当支挡设施不能紧跟开挖时，应预留厚度不小于 30cm 的保护层。

路堑每层开挖深度严格控制在 1.5m 左右，每层开挖的边坡，需一次成型，刷坡工作紧随其后。通过适当的安排，在整个路堑范围内形成开挖、刷坡多个工作面同时进行的流水线作业。每段开挖工作完成后，及时对边坡进行防护。开挖出的土方经过土料分析之后，若满足粉土路基填筑的要求，就将其运到路基填方区，若不满足路基填筑的要求，就运到弃土场堆放。种植土和其他用途的表土储存于指定地点用于复耕或种植植被。

路堑开挖时，对短距离土方，可从路堑的一端开挖或在横断面全宽范围内逐渐向前开挖。对于距离很长的集中性土方，采用纵挖法，即沿着路堑纵向，根据挖方高度，将开挖区域分成不同的层次，按分层依次开挖。

当挖方挖至设计标高后，再超挖 30cm，而后按填方路基进行施工，以确保路基的平整度及压实度，这超挖 30cm 范围内土体的填筑方法详见本章 6.2.3 小节。

### 6.5.3 施工注意事项

路堑地段机械开挖前，首先调查开挖区域及开挖影响范围内的地下管道和线缆分布，必要时先人工开挖，探明情况再用机械开挖，以确保对地下管线的保护。同时对开挖区域影响范围内的民房或其他结构提前采取措施进行保护，以免在开挖过程中出现损坏。

对基床需进行处理的地段，必须按设计要求及基床处理的施工方法进行处理。

路堑挖方边坡坡度严格遵循设计文件，刷坡采用人工+机械方式进行，确保边坡坡度符合设计要求。刷坡施工中应保持坡面平整，严禁乱挖，若边坡出现变形迹象，立刻停止刷方，迅速采取合理的减载措施，并研究解决办法。对坡面中出现的坑穴、凹槽杂物等应进行清理，嵌补平整。路堑较高时按设计做出具有一定坡度的平台，确保平台不积水。

当路堑路床顶部以下位于含水量较大的土层时，需先设置纵向渗沟，必要时设置纵、横渗沟，将地下水引出之后，换填透水性良好的材料，换填深度满足路基基底强度及规范要求，平整顶面，并分层回填平整压实。

路堑挖方除留够路堤填方外，剩余部分运至弃土场做弃方处理。弃土中，表土或腐殖土单独堆放，最后可用于造田、复耕和恢复植被。弃土场在施工完成后，及时对弃土边坡施做防护措施，用地表种植土覆盖并在其上栽种植被，以防水土流失。

## 6.6 土工布填筑路段施工

本工程中，土工布设置于路基本体中，起到加固路基本体和防止外界水分进入路基本体的作用，如图6-6所示。

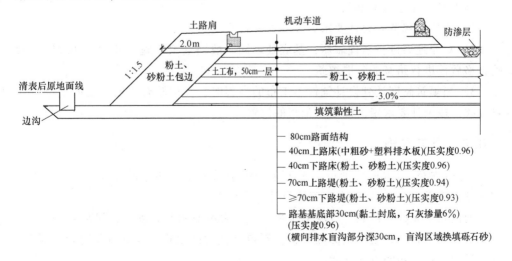

图6-6 土工布综合改良路基断面设计形式

## 6.6.1 施工流程

土工布施工工艺如图 6-7 所示。

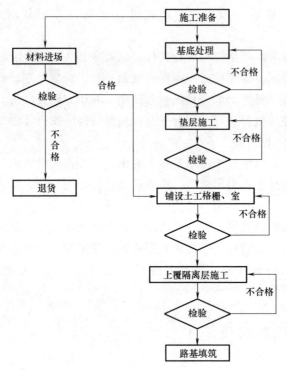

图 6-7 土工布施工工艺框图

施工时应注意以下事项：

1) 按施工规范和设计要求施工场地进行测量和放样。

2) 对原地面进行清理碾压，基底处理同一般路基填筑施工处理，处理完毕检验合格后再进行路基的分层填筑。

3) 当填筑高度达到设计铺设土工布的高程时，在检验合格的填层面上进行测量放线，按设计要求定出铺设土工布的位置。

## 6.6.2 施工方法

在测定的范围内进行铺设。土工布平铺于路基上，外缘距边坡不小于 0.5m，伸入挖方段不小于 2m，铺设宽度按设计要求设置。

铺设时不允许有褶皱，应尽量拉紧。铺实后用 U 钉加以固定，间距 1.5m。

铺设土工布时，土层表面应平整，不得有坚硬凸出物，铺好后及时填砂覆盖，避免受阳光长时间的直接暴晒。

土工布铺开后，应及时填筑填料，每层松铺厚度不大于 30cm，每层填筑后均须检查压实度,以达到设计压实标准;未铺填料时,机械车辆不得行走其上。

## 6.7 路基排水

### 6.7.1 路基排水形式

路基排水有边沟、截水沟、排水沟、急流槽等地表排水设施;还有盲沟、渗沟、检查井等地下排水设施。其中盲沟和渗沟是用于降低地下水位或排除路基范围内地下水或渗水,施工时除了按设计施工外,还应根据现场地下水情况酌情增加设置。

**1. 路堤边沟**

路堤边沟设于填方路段,与路基两侧的桥涵进出水口或路堑边沟相连,路堤边沟从外观形态、减少占地的角度一般采用浆砌矩形边沟(图6-8),根据汇水面积尺寸有60cm×80cm、80cm×80cm、100cm×100cm。如果与农田排灌沟渠发生冲突,则进行沟渠改移,并与排水沟或者涵洞出水口顺接,以确保公路排水设施与当地农业灌溉设施畅通(图6-9)。边坡纵坡不宜小于0.3%,出水口间距不宜超过300m。

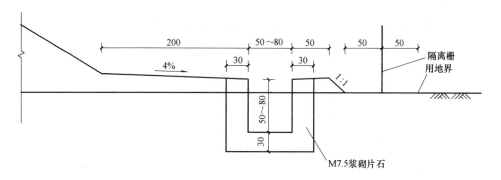

图 6-8 一般段路堤边沟设计图(单位:cm)

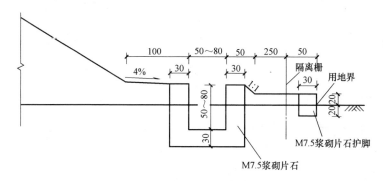

图 6-9 水田路段路堤边沟设计图(单位:cm)

**2. 路堑边沟**

路堑边沟形式多采用矩形边沟,根据汇水面积确定尺寸一般为 60cm×80cm、80cm×80cm、100cm×100cm,路面与边坡汇水直接流入边沟。

**3. 坡顶截水沟**

坡顶截水沟一般设于汇水面积较大的挖方边坡坡口以外至少 5m 的位置,用于拦截边坡上部的坡面水。截水沟顶面略低于自然坡面,若遇冲沟应设缺口将水导入截水沟。坡顶截水沟视汇水面积与地质、地形情况,多采用矩形、梯形断面或拦水梗,沟身尺寸采用 50cm×50cm 或 60cm×60cm,沟长不大于 500m。截水沟的水流一般不引入边沟,往往通过设置急流槽引入排水沟或涵洞进口。

**4. 引水沟**(线外排水沟)

将边沟、截水沟、取土坑和路基附近低洼处汇集的水引入桥涵或路基以外,排水沟纵坡不宜小于 0.5%,长度不超过 300m,多采用矩形或者梯形沟,一般尺寸为 60cm×60cm、60cm×80cm。

**5. 急流槽**

急流槽进出口采用消力池措施以防止冲刷,急流槽纵坡不宜陡于 1:1.5。急流槽出水口接排水沟或自然山沟,一般采用 M7.5 浆砌片石砌筑,流速、流量大时采用 C15 片石混凝土。

**6. 盲沟、渗沟、管式渗沟、截水管式渗沟等**

在路基地下水位较高的挖填方过渡段,设置横向碎石盲沟,用于截断挖方段路基的纵坡渗水;在边坡岩体裂隙水发育路段设置纵向碎石盲沟,用于截断边坡的横向渗水;同时在泉眼出露点设置盲沟、渗沟引排地下水,且在地下水丰富路段设置盲沟、渗沟、管式渗沟、截水管式渗沟等措施,把地下水位降低并引排出路基,以保证路基的稳定。

**7. 检修踏步**(兼流水槽)

桥梁、挡土墙两端均设置检修踏步(兼流水槽),路堑起讫处(填挖交界处)也设置检修踏步(兼流水槽),通道、涵洞位置可在其一侧设置检修踏步。当上述构造物间距大于 150m 时,增设间距不大于 100m 的检修踏步。填方检修踏步对应排水沟位置错开 1m,并在此处设置跨沟搭板。

**8. 坡体排水**

根据路堑边坡地下水具体情况,设置排水平孔,引排路堑坡体内的地下水。

### 6.7.2 边沟施工工艺及流程

**1. 边沟施工流程**

浆砌边沟施工流程如下:

施工准备→测量放样→基槽开挖→基坑检验→浆砌沟底→浆砌沟帮→沟底抹面→沟帮勾缝→填塞沥青麻筋→外侧边沟整修。

混凝土边沟施工流程如下：

施工准备→测量放样→基槽开挖→基坑检验→碎石垫层→土工膜铺设→报检→沟底模板安装→沟底混凝土浇筑→沟帮模板安装→沟底混凝土浇筑→填塞沥青麻筋→外侧边沟整修。

**2．边沟施工工艺**

（1）浆砌边沟施工工艺　测量放样，根据设计图精确放出边沟平面位置、高程，根据放样桩点放出边沟基坑位置，撒石灰线后采用机械开挖至边沟基底高程，如超挖则应采用透水材料分层回填，并用机械夯实。盲沟基坑完成后请监理工程师验收，合格后即边沟沟底砌筑。

边沟砌筑前先根据边沟的样式、形状、尺寸用木料定制样架，边沟每 10~20m 设置一道沉降缝，将样架安放于沉降缝中，然后拉线砌筑。根据试验确定的掺入比在现场采用机械对砂浆进行拌和，拌和过程中要控制好水灰比。

边沟砌筑时，根据砌体高度选好用料，从沉降缝位置开始砌筑，首先砌筑角石，再按顺序砌筑镶面石。镶面石采用一顺一丁方式砌筑，外圈定位，行列石砌筑好后，方能填筑腹石。砌筑腹石时，先在圈内底部铺浆，然后选择石头进行试放，较大石料的大面为底，较宽砌缝用小石块填塞。试放好后用小锤击打石料挤浆，将砌缝砂浆挤紧，不留孔隙。砌筑时注意砌缝的互拉交错、交搭，砂浆采用钢钎捣密实。

浆砌片石矩形边沟、排水沟、浆砌片石急流槽，浆砌片石沉砂池，路堑平台和反压护道半梯形半矩形截水沟及路堑顶矩形截水沟，路面及中央分隔带排水，施工工艺均可参照路堤边沟施工，不再重复施工表述。

（2）混凝土边沟施工工艺　混凝土浇筑施工工艺包括立模、混凝土搅拌、混凝土运输、混凝土卸落、混凝土浇筑、拆模和混凝土养护几个流程。

立模，基坑开挖验收合格后，混凝土浇筑前，应按构筑物尺寸进行模板安装。

混凝土运输，从拌和站用搅拌车运至工点，工地附近的混凝土水平运输采用手推车或机动翻斗车进行运输。混凝土垂直运输采用起重机运输。

混凝土卸落，混凝土卸落可通过溜槽、溜管或振动溜管进行。

混凝土浇筑，混凝土浇筑应根据混凝土的结构形状，卸料方式和振捣方法等情况，顺序分层浇筑。

混凝土养护，混凝土浇筑完成，混凝土初凝后，应进行浇水养护，一般养护时间不宜少于 7d。

拆模，混凝土达到一定强度后即可拆除模板，以加速模板的周转。但拆模时间不可过早，拆模时间应满足相关技术规范要求。

### 6.7.3　排水沟施工工艺及流程

排水沟施工工艺如图 6-10 所示。施工中先用挖掘机配合人工的方法挖出排水沟轮廓，经测量复测符合要求后，再用人工修整和找平，确保底、纵坡和各部尺寸都符合设计要求后，才能进行浆砌片石或现浇混凝土的施工。

圬工采用浆砌片石或素混凝土，砂浆在现场拌制、随拌随用，初凝后的砂浆不得使用。混凝土在拌和站集中拌制，罐车送到各施工点。

砌体采用坚硬且不易风化的片石，采用坐浆法砌筑。砌筑石块顺序为先底面后两侧，石块立砌，砌缝错开，石块之间镶紧，缝隙间用小石块和砂浆填满。每 10m 设置一道沉降缝，缝宽约 2cm，以沥青麻絮填塞密实。片石与基础紧密结合，砌体咬口紧密，砂浆饱满。

图 6-10 排水沟施工工艺图

混凝土排水沟施工应先浇筑沟底混凝土，然后立侧模浇筑沟两侧混凝土，立模要求准确、牢固，确保排水沟尺寸符合设计要求。

边沟渗沟施工时注意预埋有关排水管，排水管要包裹土工布防止堵塞。

### 6.7.4 排水设施施工要求

**1. 一般要求**

各种水沟、边坡必须平整、稳定、严禁贴坡。纵坡应按图施工，沟底平整，排水畅通，无阻水现象，并应按图样所示将水引入排水系统。

各种水沟浆砌片石工程应咬扣紧密，嵌缝饱满、密实，勾缝平顺无脱落，缝宽大体一致。

各种水沟的位置、断面、尺寸、坡度、标高均应符合图样要求并经监理工程师验收合格。

若路基范围内采用各种地下排水沟、渗沟来排除地下水，其施工方法应严格按《公路路基施工技术规范》相关要求执行。

**2. 边沟施工要求**

边沟应按图样规定施工，边沟和涵洞接合处应与涵洞洞口建筑配合，以便水流通畅进入涵洞。挖方地段和填方地段也均应按图样规定设置边沟。路堤靠山一侧应设置不渗水的边沟。

平曲线处边沟施工时，沟底纵坡应与曲线前后沟底纵坡平顺衔接，不允许曲线内侧有积水或外溢现象发生。曲线外侧边沟应适当加深，其增加值等于超高值。但曲线在坡顶时可不加深边沟。

边沟的加固：土质地段当沟底纵坡大于 3% 时应采取加固措施；采用干砌片石对边沟进行铺砌时，应选用有平整面的片石，各砌缝要用小石子嵌紧；采用浆砌片石铺砌时，砌缝砂浆应饱满，沟身不漏水；若沟底采用抹面时，抹面应平整压光。

沉砂池应与边沟、排水沟衔接顺适。

**3. 截水沟施工要求**

截水沟的位置：在无弃土的情况下，截水沟的边缘离开挖方路基坡顶的距离视土质而定，以不影响边坡稳定为原则。如一般土质至少应离开5m，对黄土地区不应小于10m并应进行防渗加固。截水沟挖出的土，可在路堑与截水沟之间修成土台进行夯实，台顶应筑成2%倾向截水沟的横坡。

路基上方有弃土堆时，截水沟应离开弃土堆坡脚1~5m，弃土堆坡脚离开路基挖方坡顶不应小于10m，弃土堆顶部应设2%倾向截水沟的横坡。

山坡上路堤的截水沟应离开路堤坡脚至少2m，并用挖截水沟的土填在路堤与截水沟之间，修筑向沟倾斜坡度为2%的护坡道或土台，使路堤内侧地面水流入截水沟排出。

截水沟长度超过500m时应选择适当地点设出水口，将水引至山坡侧的自然沟中或桥涵进水口，截水沟必须有牢靠的出水口，必要时设置排水沟、跌水或急流槽。截水沟的出水口必须与其他排水设施平顺衔接。

为防止水流下渗和冲刷，截水沟应进行严密的防渗和加固，地质不良地段和土质松软、透水性较大或裂隙较多的岩石路段，对沟底纵坡较大的土质截水沟及截水沟的出水口，均应采用加固措施防止渗漏和冲刷沟底及沟壁。

**4. 排水沟施工要求**

排水沟的线形要求平顺，尽可能采用直线形，转弯处宜做成弧形，其半径不宜小于10m，排水沟长度根据实际需要而定，通常不宜超过500m。

排水沟沿路线布设时，应离路基尽可能远一些，距路基坡脚不宜小于3~4m。

当排水沟、截水沟、边沟因纵坡过大产生水流速度大于沟底、沟壁土的允许冲刷流速时，应采用边沟表面加固措施。

**5. 跌水与急流槽施工要求**

跌水与急流槽必须采用浆砌圬工结构，跌水的台阶高度可根据地形、地质等条件决定，多级台阶的各级高度可以不同，其高度与长度之比应与原地面坡度相适应。

急流槽的纵坡应按图样所示进行施工，一般不宜超过1:1.5，同时应与天然地面坡度相配合。当急流槽较长时，槽底可用几个纵坡，一般是上段较陡，向下逐渐放缓；应分段砌筑，每段不宜超过10m，接头用防水材料填塞，密实无空隙。

急流槽的砌筑应使自然水流与涵洞进、出口之间形成一个过渡段，基础应嵌入地面以下，其底部应按图样要求砌筑抗滑平台并应设置端护墙。

路堤边坡急流槽的修筑，应能为水流入排水沟提供一个顺畅通道，路缘石开口及流水进入路堤边坡急流槽的过渡段应连接圆顺。

**6. 路基盲沟注意事项**

盲沟通常为矩形或梯形，在盲沟的底部和中部用较大碎石或卵石（粒径30~

50mm）填筑，在碎石或卵石的两侧和上部，按一定比例分层（层厚约150mm），填较细颗粒的粒料（中砂、粗砂、砾石），做成反滤层，逐层的粒径比例，大致按4：1递减。砂石料颗粒小于0.15mm的含量不应大于5%，或用土工合成材料包裹有孔的硬塑管，管四周填以大于硬塑管孔径的等粒径碎、砾石，组成盲沟。在盲沟顶部做封闭层，用双层反铺草皮或其他材料（如土工合成的防渗材料）铺成，并在其上夯填厚度不小于0.5m的黏土防水层。

盲沟的埋置深度，应满足渗水材料的顶部（封闭层以下）不得低于原有地下水位的要求。当排除层间水时，盲沟底部应埋于最下面的不透水层上。

当采用土工织物作反滤层时，应先在底部及两侧沟壁铺好就位，并预留顶部覆盖所需的土工织物，并拉直平顺紧贴下垫层，所有纵向或横向的搭接缝应交替错开，搭接长度均不得小于300mm。

盲沟只宜用于渗流不长的地段，且纵坡不应小于1%，出水口底面标高，应高出沟外最高水位0.2m。

### 6.7.5 排水设施检查项目

浆砌边沟、排水沟、截水沟检查项目见表6-8；急流槽检查项目见表6-9；盲沟检查项目见表6-10。

表6-8 浆砌边沟、排水沟、截水沟检查项目

| 项次 | 检查项目 | 规定值或允许偏差 | 检查方法 |
|---|---|---|---|
| 1 | 砂浆强度/MPa | 在合格标准内 | 用JTG F80/1—2017《公路工程质量检验评定标准》附录F检查 |
| 2 | 轴线偏差/mm | 50 | 经纬仪或尺量：每200m测5处 |
| 3 | 沟底高程/mm | ±50 | 水准仪：每200m测5点 |
| 4 | 墙面直顺度/mm或坡度 | 30或符合设计要求 | 20m拉线，坡度尺：每200m测2处 |
| 5 | 断面尺寸/mm | ±30 | 尺量：每200m查2处 |
| 6 | 铺砌厚度/mm | 不小于设计 | 尺量：每200m查2处 |
| 7 | 基础垫层宽、厚/mm | 不小于设计 | 尺量：每200m查2处 |

表6-9 急流槽检查项目

| 项次 | 检查项目 | | 规定值或允许偏差 | 检查方法 |
|---|---|---|---|---|
| 1 | 混凝土及砂浆强度/MPa | | 在合格标准内 | 按JTG F80/1—2017《公路工程质量检验评定标准》附录D或F检查 |
| 2 | 轴线偏位/mm | 浆砌片石 | 50 | 经纬仪：每200m测5处 |
|   |  | 混凝土 | 20 |  |

(续)

| 项次 | 检查项目 | | 规定值或允许偏差 | | 检查方法 |
|---|---|---|---|---|---|
| 3 | 槽底高程/mm | 浆砌片石 | ±50 | | 水准仪：每200m测5处 |
| | | 混凝土 | ±15 | | |
| 4 | 断面尺寸/mm | 浆砌片石 | ±30 | | 尺量：每200m查2处 |
| | | 混凝土 | ±10 | | |
| 5 | 直顺度或坡度/mm | 浆砌片石 | ±30 | 或符合设计要求 | 20m拉线、坡度尺：每200m查2处 |
| | | 混凝土 | ±10 | | |
| 6 | 浇(砌)筑厚度/mm | | 不小于设计 | | 尺量：每200m查2处 |
| 7 | 基础垫层宽、厚/mm | | 不小于设计 | | 尺量：每200m查2处 |

表6-10 盲沟检查项目

| 项次 | 检查项目 | 规定值或允许偏差 | 检查方法和频率 | 权值 |
|---|---|---|---|---|
| 1 | 沟底高程/mm | ±15 | 水准仪：每10~20m测1处 | 1 |
| 2 | 断面尺寸/mm | 不小于设计 | 尺量：每20m测1处 | 1 |

## 6.8 路基边坡防护

路基边坡防护多采用绿色植被防护，该防护施工方法简单，防护效果较好，且具有良好的视觉效果，对周边环境会起到美化作用，因此在高速公路路基工程边坡防护中得到了广泛的应用。绿色植被防护一般包括客土喷播植草、拱形骨架植草两种。

### 6.8.1 客土喷播植草

植草防护是针对贫瘠边坡，通过加入由种植土、有机质、纤维料、肥料等合理比例配制成的专业客土基材，可以给植物提供正常生长的有效基质的生态防护形式。

客土喷播植草是将草籽、纤维、肥料、黏合剂、保水剂和水等混合料，首先将其共同放置在搅拌桶中搅拌，制备得到具有一定黏稠度的悬浊液黏性混合液。接下来，将该混合液注入喷射管道，并通过专用的喷播机械设备，将悬浊液喷射到需要绿化的路基边坡表面上。悬浊液中的草籽在土壤中生根发芽，同时得到了悬浊液肥料的营养供给，植被得以成长。

客土喷播植草具体施工工艺如图6-11所示。

**1. 坡面平整及清理**

对坡面进行平整，平整后坡面高差不超过20cm；清理坡面上的碎石和杂土。

对于硬质的边坡黏性包边土，应按照坡面纵向，间距0.2m，开挖2~4cm深平行沟，保证纵向1m间距内不少于4条。

**2. 液压喷播草籽**

将混合草籽、黏合剂、肥料、保水剂、木纤维和水等按一定比例配制成的黏性浆体，利用装有空气压缩机的喷播机组，借助空气压缩机强大的压力，将黏性浆体直接喷射至路基边坡上。由于喷射的草籽泥浆具有良好的附着力及明显的颜色，所以液压喷播能不遗漏、不重复，而且可以均匀地将草籽喷射到目的地区。

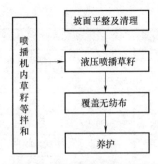

图6-11 喷播植草工艺流程图

**3. 覆盖无纺布**

喷播完黏性浆体后，即在边坡上覆盖无纺布，从上到下平整覆盖，坡顶延伸30cm用土压住；无纺布两幅相接处叠加至少10cm，然后用竹棍压住，每1m一个。待草长到3~5cm后可撤去无纺布，冬天霜冻时撤去无纺布的时间可适当延后。

**4. 养护**

喷播2~3天后开始养护，前期养护时间为45~60天，每天以浇水为主，早晚各一次，早晨养护时间应在10点以前完成，避免在强烈阳光下进行喷水养护，以免灼伤幼苗叶片。后期待草长到10cm以上时靠自然降水，但如果连续高温干旱时间超过5天，应安排浇水。

前期注意拔除杂草；后期在开春和入冬前视草的长势进行施肥。

## 6.8.2 拱形骨架植草

针对坡面冲刷严重，或高液限土、红黏土、膨胀土等边坡，采用坡面刻槽，浆砌片石拱形骨架固土护坡，坡面液压喷播植草的生态防护形式。

**1. 浆砌预制块拱形骨架护坡施工**

浆砌预制块拱形骨架护坡一般做成槽型，用以排除地表水和稳定边坡。

其施工方法如下：

骨架沟槽开挖按设计要求在每条骨架的起讫点挂线放样，然后开挖骨架沟槽，沟槽尺寸根据设计图要求而定。

采用样架法施工，施工时严格按照放样定位先砌筑骨架衔接处，再砌筑其他部位骨架，两骨架衔接处于同一高度。

砌筑顺序由两侧拱脚向拱顶合拢，自下而上逐条砌筑骨架。

截水骨架、镶边、基础、边坡平台、踏步部分采用浆砌片石砌筑；在骨架底部0.5~1.0m及顶部和两侧0.5m范围内，用浆砌片石镶边加固。

片石之间的勾缝采用平缝压槽工艺，缝宽1.6cm，缝深0.8cm。

为便利养护，在护坡适当的位置设置阶梯踏步。

浆砌预制块骨架护坡单元格大样图如图 6-12 所示。一共有四种类型的砌块，分别为 A、B 标准块和 C、D 楔形块。A 块为长方体砌块，多用于拱形护坡竖向部分的砌筑；B 块为顶部弧形块，多用于拱形护坡拱形部分的砌筑。C 块为倒楔形块，D 块为正楔形块，分别砌筑与由 A 块组成的竖向骨架的顶部和底部，实现和弧形块 B 之间的拼接。

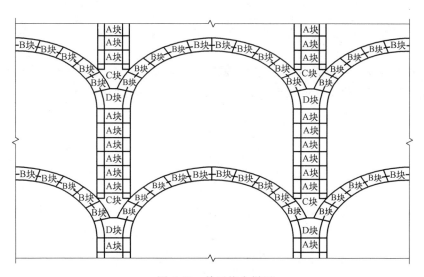

图 6-12　单元格大样图

拱形骨架护坡施工工艺框图如图 6-13 所示。

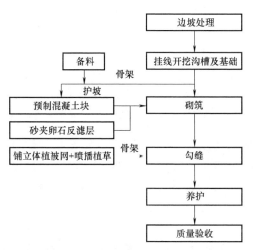

图 6-13　拱形骨架护坡施工工艺框图

## 2. 坡面液压喷播植草

待护坡砌筑施工完毕，便可以在护坡坡面上进行液压喷播植草。利用装有空气压缩机的喷播机组，借助空气压缩机强大的压力，将混合草籽、黏合剂、肥料、保水剂、木纤维和水等按一定比例配制成的黏性浆体，喷射至路基坡面上，实现坡面液压喷播植草。

## 6.9 特殊路基段处理

### 6.9.1 桥台台背处理

为减小路桥过渡段的不均匀沉降，减轻车辆的桥头跳车现象，必须对桥台台背进行处理，确保台后填土的填筑质量，桥台台背回填示意如图 6-14 所示。

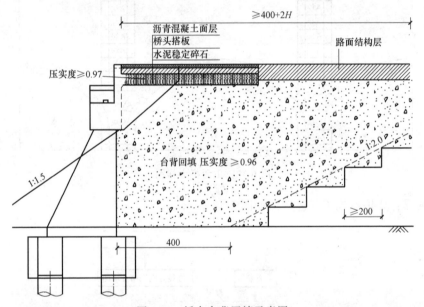

图 6-14　桥台台背回填示意图

注：图中 $H$ 为工程处理高度，路面结构层底面至基坑回填顶面的距离。

台背回填应采用透水性好、轻质、不含有腐殖物和垃圾的土，如级配碎石填料。台背回填土的压实度不小于 0.96，同时在回填土内应设置纵向和横向排水系统，并与路基整体的排水系统顺畅连接。台背填料表面采取防水措施，以减小降雨等因素对台背填土的影响。

填料严格按照分层填筑、分层夯实的方式进行填筑，每层最大松铺厚度应不大于 20cm。台背填土压实度要求较高，除桥头搭板下方的水泥稳定碎石要求压实度不小于 0.97 外，其余位置压实度不小于 0.96。

桥台台背填土，宜在台帽施工前，在桥柱周围对称、平衡地进行回填。为保证不同种类填土之间的良好结合，台背路基与锥坡填土也应同时进行，台背回填部分的路床也宜与路基路床同步填筑。此外,台背填土与路基填土二者交界处应预留台阶,如图 6-14 所示,每级台阶宽度不小于 2m,高度应不大于 0.5m,内倾 2%~4%。

一般来说,台背回填底宽不小于 4m,当路堤填土高度较小,搭板伸出换填范围以外时,要适当加大底宽,确保搭板在换填区间。

回填施工应以大型压实机具为主,小型压实机具为辅;采用小型压实机具时,每层铺筑厚度不得大于 10cm。

### 6.9.2 零填(低填)浅挖段处理

路基零填(低填)浅挖路基段主要有以下两种情况:

1) 零填(低填)浅挖路基段经过地势相对较低的山间洼地的旱地或水田区。在这种情况下,应注意在进行适当的地基处理后,在路床范围内用碎石土进行换填,压实度为 0.96;同时在地下水埋深较浅的段落,应在路基边沟下设置纵向渗沟,在下路床范围内设置横向碎石盲沟,以疏排路床范围的地下水,保证路基的强度和稳定。

2) 零填(低填)浅挖路基段经过山坡地区(残坡积土层较厚)。在这种情况下,应翻挖路床范围内的土层,并根据土质情况进行局部换填处理,以保证压实度达到 0.96 为宜。

### 6.9.3 高填路堤处理

高填路堤多在常规碾压的基础上,从地面以上每填高 2m 采用大吨位压路机补压不少于 8 遍,并在路面顶以下 2m 铺设 0.3m 厚级配碎石并设间距 20cm×20cm 的 $\phi 8$ 钢筋网一层。

当高填路堤高度超过 20m 时,应进行位移观测,一般间距 100m 设一处观测标,每一段不少于一处。

对于横坡较陡且不稳定的路堤坡脚设置路堤墙、桩板墙或护脚墙以提高路堤的稳定性。

### 6.9.4 高填路基变形与稳定性监测

对于边坡高度超过 20m 的路堤或地面斜坡率陡于 1:2.5 的路堤,以及半填半挖路堤、挡土墙路段,当地基对路堤稳定有隐患时,需要进行路基的变形和稳定性监测,以控制填土加载速率,确保路基填筑施工的安全。

**1. 监测内容**

监测内容主要包括路基沉降观测和水平位移观测。

沉降观测应 100m 布设一处,跨度大于 30m 的构造物,在构造物两侧分别布设一处;跨度小于 30m 的,仅在一端布设;当地质条件较差,地形变化大时,加密观测断面。

沉降板应放置于路基中心，构造物相邻处的观测断面中，应在两侧路肩及边坡坡脚处增设沉降板，沉降板底板尺寸采用500mm×500mm×10mm，测管采用40cm钢管保护套尺寸为直径43cm，测管和套管每节高不宜超过500mm，套管上口应加盖封闭，避免填料落入管内，影响测杆自由下沉。

地表水平位移观测断面，每50m布设一处，跨度大于30m的构造物，在构造物两侧分别布设一处，跨度小于30m的，仅在一端布设。当位于填挖交界处，沿河路段等易发生失稳的位置，加密观测断面。

水平位移观测桩应设置于坡脚10m范围之内，每侧布设3、4个点，水平位移观测基桩设置于地基变形影响范围之外。水平位移桩采用边长为75m的正方形木桩，长度为1.5m；水平位移观测基桩采用边长为175mm的正方形混凝土预制桩，长度为1m，桩顶采用不易磨损的观测标记。木桩采用打入或开挖埋设，混凝土桩采用开挖埋设。埋设后桩顶露出地面的高度不宜大于10cm，桩周围0.5m深度范围内浇筑混凝土稳固桩体。

沉降与水平观测点应布置在同一横断面上。施工期应根据沉降观测结果确定加载速率，填土时间不应小于稳定验算所需要达到的固结度。地表路堤中心线每昼夜沉降速率不得大于10~15mm，坡脚水平位移速率每昼夜不得大于5mm，当沉降或位移速率超过该标准时，应立即停止路基填筑。

路面铺筑必须等沉降稳定后进行，沉降稳定标准采用双标准控制，即推算后的工后沉降应小于设计允许值。同时，连续2个月观测每月沉降不得超过5mm。

**2. 监测频率**

路堤填筑过程应在每层土填筑之前进行一次观测。路堤填筑停滞期较短，一个星期观测一次，停滞期较长，半个月观测一次。

路堤填筑到路槽设计标高至铺路面这段时间，每半个月或一个月（视路堤稳定情况酌情确定）观测一次。

路面铺筑以后，每3个月观测一次。当遇到暴雨时，以上监测频率加密。

**3. 监测周期**

为了保证路基施工和营运的路基稳定性，监控时间安排为：路基填筑至通车后2年。

# 第7章

# 粉土路基碾压技术

土是由土颗粒、水和气体组成的三相体，土颗粒之间的孔隙被水和气体占据，压实的目的在于使土粒重新组合，相互咬合、挤紧。土的孔隙缩小，土体的单位质量提高，形成密实的土体结构，强度增大，稳定性增强。土的压实度与含水量、压实功能、压实方法相关，无论哪一种因素达不到要求，都会在很大程度上影响到路基填土的压实度。路基的填筑工作要采取各种有力措施，提高路基填土的压实度，保证路基施工质量。

在公路工程建设中，路基填筑是比较关键的内容，路基的施工质量对路面施工和整个工程质量有很大的影响。如果路基填筑施工不合格，碾压不到位，压实度没有达到施工规范标准，可能导致施工结束后路基沉降较大，影响整个公路工程的质量和使用性能。

路基填料填筑时，首先要将填料进行铺料、平整以及洒水润湿，然后再进行碾压，碾压一定次数之后再进行压实度测试。公路路基填筑的压实质量与土质、施工机械类型、施工工艺和填土松铺厚度等密切相关。由于不同土质工程性质的差异，将直接导致路基填筑时所选用的机械类型、施工工艺等存在很大的差异。所以，针对不同的土，必须采用与之相适应的压实方法。

我国《公路路基施工技术规范》关于土质路基压实机械组合多是在普通压路机的基础上总结而成，缺乏对特殊土类压实的指导。例如，对粉土这类特殊土，没有相关的压实指导，如需要多大吨位的压实机械、采用怎样的机械组合、填土松铺厚度多大才能达到较好的压实要求且较为经济，这些都没有一个合理的考量。所以针对粉土开展碾压工艺进行研究是很有必要的。

## 7.1 路基压实原理

影响压实的因素有内部因素和外部因素两个方面因素。其中内部因素有土的含水量、土的性质,外部因素有压实功能、压实工具的类型、压实的方法。

根据路基工作区应力分布可知,附加应力在路基上部的分布较多,面积较大,随深度增加附加应力分布逐渐减小,为适应这种规律,路基不同深度应有不同的压实度要求。

根据击实试验得出的结论可知,路基土的压实度随着含水量的增加或减少发生变化。当含水量太小时,因土颗粒松散而使压实度降低,但当含水量太大时,土颗粒间成为润滑状态,因土颗粒无法靠近而致使压实度降低。只有在某一特定含水量(最佳含水量)时土质路基才能达到最佳压实效果,即达到理想的压实度。因此必须准确测定出土体的最佳含水量和最大干密度。

此外,土体密实度不仅与含水量有关,还与压实机械的压实功有关,这是因为土是三相体,在压实机具的短时荷载作用下,土体颗粒产生重新排列组合,孔隙率减小,形成密实整体,最终导致强度增加,稳定性提高。因此施工时,路基土必须在最佳含水量下压实,必须采取合适的压实机械和压实方法。

## 7.2 路基压实标准

路基压实最根本的目的是提高路基的强度和模量,控制路基在外界荷载和环境因素作用下产生过量的变形。一方面,压实度越高,路基的强度越大,抗变形能力越强。如相同加载荷载幅值和循环次数下,路基压实度越高,产生的弹性变形和塑性变形就越小。高等级路面所允许的弯拉应力和路基塑性变形都比低等级的路面要小。因此,路面等级越高,对路基压实度的要求也就越高。另一方面,追求过高的压实度必然增加成本,更何况不少情形下压实度还受到施工条件的制约。因此,路基压实标准的制定既要考虑路基实际的受力与工作状态、路面对路基的容许变形要求,又要考虑施工的必要与可能,兼顾经济与实效。

对于土质路基,基于上述考虑所制定的压实标准见表 7-1 所示。实际操作中,在特别干旱的地区,由于路基土的天然含水量都远低于最佳含水量,而且往往因地区性缺水,很难通过浸湿填料来达到压实所要求的最佳含水量;同时,干旱地区路基运营后湿度进一步增大的概率较小,程度也较轻,因此,可以适当降低压实要求(比标准低 2%~3%)。在特别潮湿的地区,由于地下水位高,降雨多,与最佳含水量接近的填料匮乏,土的天然含水量大多高于最佳含水量,晾晒费工、费时且难以实施;而且压实后路基吸湿会增加膨胀变形,所以在条件困难的情况下也可适当降低路基压实要求(比标准低 2%~3%)。在季节性冰冻区,为了减轻因水分积聚而产生的冻胀、融沉、翻浆冒泥,路基压实度要求应当高一些。

表 7-1 路基压实度标准（重型击实试验）

| 填挖类型 | | 从路面底面算起 | 最小压实度 | |
|---|---|---|---|---|
| | | 深度范围/cm | 高速、一级公路 | 其他公路 |
| 路堤 | 上路床 | 0~40 | 0.96 | 0.94 |
| | 下路床 | 40~80 | 0.96 | 0.94 |
| | 上路堤 | 80~150 | 0.94 | 0.93 |
| | 下路堤 | >150 | 0.93 | 0.90 |
| 零填及路堑路床 | | 0~40 | 0.96 | 0.94 |
| | | 40~80 | 0.96 | — |

土基压实时，在机具类型、土层厚度及行程遍数已经选定的条件下，压实操作宜采用先轻后重、先慢后快、先边缘后中间的方式；超高路段时，则宜先压低处后压高处，分层逐次压实。压实时，相邻两次的轮迹重叠量不应小于轮宽的三分之一，且压实中要保持压实均匀，不漏压，对于压不到的边角，应辅以人力或小型机具夯实，以确保压实度的要求。

## 7.3 常用压实方法与机具

路基填方必须分层压实，使其体积和坡面按设计成型，密实稳固而无过量的沉降。

填方运土上来，先推平再碾压，经济距离 20~70m。常用推土机如 TY220 型功率 162kW，铲刀宽 4.3m，高 1.1m，机重 26t，对地平均压力 70kPa。T120 型功率 90kW，铲刀宽 3.76m，高 1m，机重 16.2t，对地压力 65kPa，推松土 50m，每台班产量 204m³。当填料为巨粒土时应有相当级配的分层填筑，层厚 1m 左右，最大块不得超过层厚的 2/3，倾倒和推土时应使大小块混杂，每层整平一次。严禁只从高处倾倒而不推平和压实，这样大块都滚到前面造成大小不均。

压实的方法，据压实机械的性能分为四类：

**1. 静重压实**

静重压实是以静压式压路机机本身的重量，使填土层受压，土粒挤紧、孔隙减少而密实，多适用于细粒土的压实，其中黏土、粉土压实较难，要注意水分控制。常用的机械有 12~20t 中型气胎碾、8~18t 钢轮平碾压路机、10~18t 钢轮光碾三轮压路机、12t 钢轮带槽碾压路机和羊足碾压路机。其中羊足碾压路机接触压力可达 5~7MPa，碾压过程中有揉搓作用和破碎粗粒的效果，压舱内可加料增重；轮胎压路机采用充气轮胎，一般装前轮 3~5 个，后轮 4~6 个，轮轴装置能适应不平的地面起伏差和填料的软硬差，可利用自动充气装置改变轮胎压力，最大接触压力可达 800kPa，工作时速 2~5km/h 转移时可达 25km/h。小型工程可用 T140 推土机兼压实工作。

**2. 振动压实**

振动压实既有静压又有振动，碾压时可产生较大的激振力，将静压力、冲击振动波传入土中，使土粒处于运动状态挤进空隙，较适合粗粒土和岩块的压实和相互充填。

振动压路机碾轮宽一般为 2m，机重 12~15t，激振力 200~300kN，功效 300~1500m³/h，多适用于粗粒土的压实。其中 5kW 手扶振动压路机，机重 0.8t，激振力 12kN 和机重 2t，激振力 50~100kN，适用于路肩和窄小场地。

**3. 夯击压实**

夯击压实是由人工或电力提高重锤，使其自由落下对土体产生冲击力和压缩波，使填土层密实。常用的小机械有 50kg 联动打夯机和 3.0kW 蛙式打夯机，此机重 125kg，每分钟夯击 145 次，生产率 15~17m³/hr，行走速度 8~10m/min。常用的大机械锤重 1~5t，由吊机提高 2~5m 落下，加固深度 0.7~2m。

**4. 灌水压实**

灌水压实多用于岩块和砂性土填方，且附近取水方便，其效率较振动压实差，比静重压实强。它通过模拟暴雨大量淋水，或利用射流由水枪喷出 400~500kPa 的高压水，将不密实颗粒冲下去使填方密实，可作为振动压实的一个辅助手段来使用。

**5. 冲击碾压**

冲击碾压是一种适合多种土的高效压实方法，冲击压路机是其常用机械。冲击压路机具有振幅较高、频率较低、速度较快、压力较大的特点，在各种类型土质的路基压实中得到了广泛应用。此外，冲击碾压技术能够将沉降率控制在有效范围内，使冲击力压力与速度得到有效保证。

（1）冲击碾压的工作原理　冲击压实的工作原理主要是通过负压能力，对地面进行冲击；反复的冲击力会对地层产生直接影响，不仅能够压实地层表面土质，深层土质也能够全部压实。在公路路基施工时使用冲击碾压技术，可以压实深层土质，得到预期的压实度，确保了公路工程施工质量，也为后续施工提供便利条件。

土体在压实过程中，压实机械所产生的应力使一定深度范围内的土颗粒重新排列并挤密，土的密度和强度随之提高，土体渐渐由塑性状态变为弹塑性状态，直到弹性状态。冲击压路机是兼具强夯机械和普通振动压路机优点的一种压实机械，作业方式是冲击和滚动重压复合行为，整个压实过程是一个复杂的周期加随机过程。

冲击碾压技术常用的机械为三边形冲击压路机，可实现"揉压—碾压—冲击"的综合过程，其冲击力相当于压实轮自重静压力的 20~30 倍，较传统的振动压路机大 6~10 倍，影响深度大 3~4 倍。

冲击压路机的冲击能是由压路机轮轴组件的质量和压实轮的质量半径差所产生的，并可由下式计算。

$$E = mgh \tag{7-1}$$

式中 $E$——冲击压路机的冲击能（kJ）；

$m$——压路机的轮轴组件的质量（kg）；

$g$——重力加速度，通常取值为 9.8m/s²。

根据冲量定理计算冲击力 $N$。

$$N = \frac{mv' - mv}{t} \tag{7-2}$$

式中 $v'$——冲击初速度（m/s）；

$v$——冲击末速度（m/s）；

$t$——冲击作用时间（s）。

（2）冲击碾压技术的应用要求　冲击碾压技术在路基工程中使用时，要注意路基的建造材料、填埋深度及施工作业流程等因素。通常情况下冲击碾压技术可以应用在路基深度超过 1.5m 的情况中，如果路基深度在 1.5m 以下，则应选用常规碾压技术。在路基施工过程中应用冲击碾压技术时，应充分注意填埋材料的选择，一般可以选择砂性土，它的塑性指数应大于 12，含水量应该在 2% 左右。另外作业面的长度最好不低于 100m，最佳长度应为 300~500m。

技术施工人员利用冲击碾压技术对公路路基进行施工时，对于部分特殊路段的加固工作要特别的重视，需要根据不同路段的实际状况，应用不同的冲击碾压技术，以保证公路路基的质量和安全，也有利于后期的养护与维修工作。

冲击碾压技术若在土质较软的公路路基施工路段应用，应采用分层碾压方式，用压路机对填土进行分层碾压，可进一步提高软土区路基的固结速率，同时能够将该路段沉降速度控制在有效范围内。在对老旧公路路段进行冲击碾压施工时，可以翻新既有路面，并且做好重新回填工作，这样路基质量才能够提升，使老旧公路能够符合现代公路的压实标准。在对水泥公路或者沥青公路建设施工时，可以在既有沥青路面或者水泥路面中，直接使用冲击碾压技术进行碾压工作，可保证公路路基质量。

综上，利用冲击碾压技术对部分特殊路段进行加固，不仅可以节省大量人力、物力、财力，还可以使公路路基质量与安全得到保障，进而推动我国公路建设事业更好的发展。

## 7.4　冲击碾压技术在粉土路基中的应用

### 7.4.1　粉土的压实特性

粉土与黏性土、砂土的物理性质和工程性质不同，多具有粉粒含量高、粒径比较均匀、黏土颗粒含量极少、塑性指数低、毛细管发育、水稳定性差的特点。粉土作为路基填土时,施工成型困难,且若机械配套和施工技术不够合理,路基压实度就很难达到规范的要求,即常规的压实方法和工艺难以将其压实。

粉土的压实是实现粉土颗粒间孔隙达到最小值,土体密度达到最大值的过程。粉土因黏聚力低、黏聚性差,只有借助土壤中孔隙水的润滑作用,才能达到排除空气压实的目的。但粉土因保水性差,路基失水快,极易出现填土层内上、下含水量不同的情况,且在碾压时,填土表面因为处于干燥状态容易出现起皮现象。因此碾压时的含水量必须要大于最佳含水量3%~5%时,且开始碾压后中途不可停顿,否则会因含水量低于最佳含水量造成最后难以压实,需要重新翻土、洒水后重压方可再次达到压实度要求。此外,粉土毛细管比较发育,若洒水控制不好又容易导致下部含水量过高,而更不易压实。

用粉土填筑的路基因黏聚性差,雨期施工时,边坡容易冲毁,粉土流失严重,在出现边坡冲沟后,一般用石灰土或普通土挖台阶分层回填夯实,但此种措施耗时耗力,成本较高,难以保证施工质量。

### 7.4.2 冲击碾压技术在粉土路基中应用的可行性及应用注意事项

#### 1. 可行性分析

对于塑性指数比较小,粒径大于0.005mm、小于0.075mm的颗粒含量超过50%的粉土,若直接将其作为路基,由于压实质量不高、再加上土体自身水稳性差的特点,很容易出现路基水害,必须对其进行特殊处理,而当前使用最多的处理措施就是应用冲击碾压技术。

冲击碾压技术用于粉土,能很好地解决填料含水量上、下不一致的问题。具体体现为,在揉压及碾压过程中,对填土层下部,较大的低频振幅冲击力周期性的作用于土体,产生强烈的冲击波向土基下深层传播。因下部土层含水量较大,冲击碾压大大加速了孔隙水的消散,提高了土的固结速度,加速了压实过程,使土体最大限度地压实,使疏松的颗粒孔隙逐步减小,达到最佳含水量,咬合状态变得紧密,逐步达到最大干密度。此外,揉压和碾压形成的压力波对水分子的移动要大于对粉土样固体颗粒的移动,导致下部土体摩擦力大大减小,初步实现了粉土颗粒的重新排列,使颗粒总是朝着有孔隙的位置移动。这就促使粒径较小的颗粒得以填充到粒径较大的颗粒产生的孔隙中间,实现了粉土颗粒的重新排列,使小颗粒进入大颗粒之间的孔隙。

冲击碾压技术用于粉土,能很好地解决填料上、下层填料之间的结合问题。在冲击碾压过程中,冲击碾压产生的强大的冲击波向深层填料传播,能量在土填料中传递时需克服颗粒之间的吸附力、黏聚力、接触力,使疏松的土石颗粒咬合状态变得紧密,使填料得到压实,并使本层填料与下部填料得以很好地衔接,且压实影响深度随压实遍数的增加而递增。

根据冲击压路机对含水量很高的粉土高填方路基施工的工程实践,对路堤沉降变形的观测结果表明：冲击压实技术应用于高含水量粉土高填方压实施工，可以明显改善填料的压实效果，减少路堤的工后沉降。

综上所述，对于粉土路基，用冲击压实机碾压可以提高路基的压实度和均匀性，使路堤土体产生较大沉降，减少工后沉降。并且冲击压实对填料的含水量要求较低，适合该工程上、下含水量不一致的情况。故采用凸轮机械对部分路基进行冲击碾压，可以提高施工效率，改善填料的压实质量，减少路基的工后沉降量。

**2. 应用注意事项**

冲击压路机的工作原理是在施工过程中，通过压实轮将其高位势能转化为动能，利用冲击力对地面深层造成影响，通过碾压等行为提高土体密度，这样地面深层中的土体才能够真正被压实，从而使路基质量得到有效保障。在压实轮对地面不断冲击的时候，粉土路基在大范围内被压实，随着压路机的移动，整个公路路基都得到了压实，提升了路基的稳定性。利用冲击压路机对粉土路基开展冲击碾压工作，可以更好地提高路基的压实度，使公路路基的稳固度和坚实度得到有效的提升，防止公路路基出现塌陷问题，确保公路整体在竣工后运行的各项性能正常。在应用于粉土填土时应注意以下事项：

粉土表面较为干燥，非常松散，黏聚力小，为了减少由于冲击在填料表面出现大量尘土导致冲击能量的较多损失，以及防止压实过程中扬尘现象严重影响施工，可在施工前，适量洒水，使其不至扬尘。土层表面会随着上层的填筑逐步达到最佳含水量和最大干密度，到最后一层填筑压实时再适量洒水，以起到降低工程造价，提高压实效率的目的。

冲击压实机对深层土体有密实作用，但由于其碾压路基时产生集中的冲击力，对表层土体产生松动作用，且易造成表面高低参差的情况，当冲击压实后表面坑槽较大，机械无法按正常速度行驶时，需要重新洒水、整平。

### 7.4.3 粉土路基冲击碾压施工控制

**1. 碾压含水量控制**

粉土、砂粉土对水有较强的敏感性，含水量对压实影响很大。含水量低时，土体颗粒间引力弱，在土体挖掘、装运、摊铺过程中土颗粒始终保持比较疏松的状态，土中孔隙大都互通，水少而气多，在一定外部压力作用下，虽然土孔隙中气体易被排出，密度增大，但由于水膜润滑作用小，外部力的大小不足以克服土粒间引力时，土粒不容易发生相对位移，故密实度不易达到规范要求，碾压时也容易出现表层扬尘。按照规范碾压后，土层表面会出现鳞片状，所以在施工现场应严格控制土的碾压含水量。含水量较大时，颗粒间的水膜增厚，引力减小，外部功能较容易使土粒移动，压实效果明显。但含水量过大时，孔隙中出现了自由水，压实功不可能使气体排出，压实功的一部分被自由水所抵消，减小了有效压力，压实效果反而降低。此外粉土击实试验可以发现，当含水量较低时，粉土易被从击实筒中挤出，试件松散,当含水量增大到一定程度时,底部已有水溢出,出现"弹簧"现象,难以击实。

综上所述,粉土的压实需要严格控制含水量,不宜在过高也不宜过低,施工时的含水量应位于大于最优含水量的2%~3%的范围,以弥补碾压过程中水的损失,控制含水量满足上述要求时立即摊铺、平整、碾压。

此外,粉土由于保水性差,土体板结困难,在静置一段时间,或随着车辆摊铺土过程中对其的碾压,路基填筑表面易形成3~5cm厚浮土层。因此在摊铺新土之前,必须对现有路基表面补充适量水,并用压路机碾压密实,以防止表层浮土产生弹性体,也防止两者之间产生松散体影响路基质量。

### 2. 摊铺厚度的控制

粉土颗粒比较小、粒径均匀、保水性差、水分散失比较快。若每层填土太厚,经洒水后水分分布很不均匀,特别是在高温季节。经洒水路段的土层底部水分仍然是自然含水量,而上部填土基本上已经晾晒干,或者在天然土本身含水量比较大的情况,每层土太厚,土层不易晾晒,出现上层干,下层含水量仍较大的情况,直接影响压实质量。因此建议虚铺厚度一般不宜大于30cm,以保证较好的压实效果。

### 3. 压实机械性能与组合指标

粉土、砂粉土的压实特性不仅取决于粉土自身的静力学参数,还取决于粉土的动力学参数,即粉土的自振频率和它随外界动应力变化的振动频率、频率响应特性。其中粉土的自振频率与其本身的物理状态有关,随粉土压实度增加,其自振频率从低频向高频扩展。粉土在密实状态下的自振频率为33.5~40Hz,所以压路机的激振频率选择为30~40Hz时,粉土碾压密实的速度最快。

粉土碾压时,建议以轻振和静压为主,可采用变频的方法,先采用20T以上振动压路机将其由松散状态静压密实;然后开低频、慢速弱振一遍;基本密实后换高频档高速碾压1~2遍。碾压后的粉砂土,表面3~10cm往往呈松散状,振动压路机碾压结束后,用光轮压路机再补压一遍。

### 4. 冲击碾压过程控制

冲击压实机的碾滚呈三角形,每个角为圆弧状,由专用牵引车牵引进行碾压作业。其压实原理与机型突破了传统的碾压方式,利用其非圆形的冲击轮对路基连续夯实的冲击作用,及冲击轮举升过程中角部对路基巨大的揉搓作用,起到对路基压实以及加固的目的。当冲击碾一角立于地面向前碾压时,产生强烈的冲击波,冲击碾质心交替升降,不断地向前连续冲击地面,使土体碾压均匀密实。该机以恒定的行驶速度进行碾压作业,对地面做功,相当于低频、大振幅冲击压实土体,并周期性冲击地面,产生强烈的冲击波向地下深层传播,具有地震的传播特点。压实机的高能量可对填料做深层压实,可以降低土体的水渗透性,使填料深层形成较好的强度和稳定性。

特别是对粉土路基,冲压轮着地时由于动能释放,在冲压轮下的局部面积产生瞬时的冲击动荷载,向下传递快速挤密深层土颗粒,同时冲击能量以震动波的形式在弹性半空间中传播,能够促使粉土路基内部的土颗粒相互靠拢,并将空隙中的气体与水排除,土颗粒重新排列,土体被挤压密实。

大量的检测及工程实践应用表明,冲击碾压技术冲击与揉搓复合作用,能够明显提高对路基的压实厚度和加固深度,其冲击碾压的影响深度一般在3m左右。对于粉土类型特殊路基段落,采用冲击碾压的方式进行处理,通过压实轮在滚动中产生的集中冲击能并辅以滚压、揉压的综合作用,使土体深层随着冲击波的传播而得到压实。

粉土路基的冲压以10~12遍为宜,不宜过大也不宜过小,冲压遍数过多将可能导致密实土体重新被振松;砂粉土路基的冲压以12~15遍为宜;保证冲击压路机行驶速度不小于10km/h。冲击碾压若干遍后,地面成波浪状,严重时会产生跳车现象,继而影响车速和冲击效果,应及时进行整平处理。冲击碾压时必须有距路基边坡1.5m的安全间距,必须按规定的走向和排列模式进行冲击碾压。在冲压过程中,发现路基有回弹现象,应立即停止冲压作业,根据情况另行处理。冲压可使路基压实度提高2%~4%。

路基基底应尽快碾压成型,碾压应遵循由低到高、由外到内、由慢到快的原则。压路机轮距应重叠至少40cm,碾压速度要均匀,保持在10km/h左右。碾压时对局部小坑槽应进行人工找平。对原地面横坡大于1∶5,纵坡大于12%时应打台阶,台阶宽不小于1m,高度一般为路基填料分层压实厚度的整倍数,向内倾不小于4%。挖方路基基底一般为路基顶层,应控制好标高,对地基承载力不足的应换填,深度不小于30cm,在进行压实度试验检测时应按路床标准执行。

采用冲击压路机压实路面时,同一碾压带纵向至少要冲击6次(即纵向错轮为1/6轮周长)才能保证冲击地面受到均匀的冲击压实,能够使土密度均匀,路基强度提高幅度一致,不会出现漏冲或过冲现象。

## 7.5 碾压方法

### 7.5.1 93区(施工工艺改良区)

由5.2路基断面设计可知,压实度0.93在路基填筑中对应于下路堤,这部分区域占据了路基中的绝大部分,填筑高度高、填方体量大,且没有采取任何的石灰、水泥改良措施,仅仅是通过施工工艺改良,具体为采用冲击碾压的方式以确保达到规范规定的压实度。

这个区域的路基建议压实控制如下:
1) 虚铺厚度30cm,压实厚度20~25cm。
2) 含水量控制在最优含水量2%~3%的范围内。

3）20t 以上振动压路机稳压 1 遍，弱振碾压 1 遍，强振碾压 1 遍，胶轮碾压 3 遍。

4）当填筑高度达到 1m 左右，再用冲击压路机进行冲击碾压粉土路基 10~12 遍，砂粉土路基 12~15 遍，进行补压。

5）碾压表层 20cm 需要用光轮压路机进行再次补压。

6）检测密实度，压实系数至少达到 0.93，否则加强碾压。

### 7.5.2　94 区、96 区（石灰、水泥改良区）

对应于 5.2 中的路基断面设计形式，压实度 0.94 多应用于上路堤区域，该区厚度 70cm；压实度 0.96 应用于路床区域，厚度 80cm。上述两区土体较薄，填筑高度均小于 1.5m，不满足冲击碾压适用范围，冲击碾压并不能取得较好的效果。且该区域的土体都进行了改良，其压实性能、强度指标、渗透性能、水稳性能均优于素土，因此采用常规的压实方法进行。

该区建议采用的压实控制如下：

1）虚铺厚度 20~25cm，压实厚度 15~20cm。

2）含水量控制在最优含水量 2%~3% 的范围内。

3）20t 以上振动压路机稳压 1 遍，弱振碾压 1 遍，强振碾压 1 遍，胶轮碾压 3 遍。

4）核子密度仪检测密实度，压实系数至少达到 0.94、0.96 以上，否则加强碾压。

### 7.5.3　包边土的碾压

摊铺工作完成后应先对路基两侧包边黏土进行压实，包边土随路基粉土分层碾压同时进行，碾压时需保证和路基粉土之间的结合部位的碾压质量。

该区建议采用的压实控制如下：

1）碾压时应控制含水量在最佳含水量 2%~3% 的范围。

2）虚铺厚度依压实度的要求，选用 20~30cm。

3）压实时，先用 10~12t 宽型光轮压路机碾压 2~3 遍，再用 18~20t 宽型光轮压路机碾压 5~8 遍。

4）在碾压过程中黏土与砂土的结合部位应充分压实。

5）尽量避免砂土与黏土的混杂和黏土未压实的情况。包边土采用的黏性土不能是沼泽土、淤泥、泥炭，有机质含量<4%，液限<50%，6<塑性指数<26。

6）当包边黏土碾压完毕，应按规范要求检测压实度、平整度、宽度、标高（重点检查砂土与黏土结合部位的压实度）。

## 7.5.4 粉土、砂粉土和包边黏土结合处的碾压

粉土、砂粉土和包边黏土结合处的压实是填砂路基的难点，用人工对粉土层削坡，将削掉的粉土摊铺至黏土边。先压实的粉土会失水，应用人工对粉土进行洒水，注意水量不宜太大。以稳定粉土、砂粉土不浸泡黏土为原则，再对粉土进行碾压。由于碾压宽度小，而且与黏土同时碾压（对黏土为反复碾压），为防止包边黏土层内坡的破坏宜采用静碾压路机碾压。达到压实标准后，进行下一层黏土的填筑。这样，既解决了因黏土层滞后引起粉土层施工等待现象，又实现了粉土层与黏土层结合部的同步施工与同步碾压。

## 7.5.5 路基质量指标控制

**1. 宽度控制**

宽度采用层层放样控制，根据路侧标高计算填土层宽度撒灰线控制，采用推土机按宽度线将粉土及改良土摊铺至边线，并用履带进一步压实。

**2. 厚度控制**

由于运输车辆在粉土层上卸车到指定位置有时存在困难，施工时按填层段落长度、填筑宽度和厚度，计算本层填筑质量，乘以 1.20 的车载松方系数控制本层卸土车数，总量控制本层填土的松铺厚度；摊土机粗平后，测量复核断面标高控制本层松铺厚度，复测的层厚按小于 30cm 控制，满足要求时，采用平地机整平后压实。

**3. 压实度控制**

平地机整平后，碾压前含水量控制在最佳含水量 2%~3%；碾压遍数控制，最终以环刀检测的压实度满足《公路路基施工技术规范》规定的本层压实度为准；路侧边缘局部压实不到位的部位采用小型振动夯补充洒水压实。

**4. 试验检测控制**

试验检测总体分为室内和室外两部分。

室内：粉土的物理力学性能是否满足《公路路基施工技术规范》对路基填料的指标要求，对附近粉土场取样分析，主要试验项目有界限含水量、颗粒分析、相对密度、重型击实、CBR 值、表观密度、含泥量。

室外：主要测定填砂路基压实度和含水量情况，采用环刀测试，反映不同层厚中（上、下）及与其相接的下一层的压实情况，确定压实遍数与压实含水量。按照放样中桩，平均 25m 测一横断面，每断面分上、下及下一层做密实度试验，同时每层按压实遍数来进行试验。

**5. 成型砂粉土路堤的保护**

碾压成型的粉土填土层受扰动易松散，必须重新碾压方可达到设计要求的密实度。施工时，按 200m 左右划分施工段落，按照先远后近的顺序逐段填筑，每段设

置马道上路，运土车在段落起点处集中卸土，采用推土机推填料至整个段落，平地机精平，压路机碾压成型，以减少重载运土车对成型路堤的扰动，保证路堤填筑质量。

## 7.6　粉土、砂粉土路基填筑常见质量缺陷及预防措施

### 7.6.1　路基碾压出现"弹簧"

弹簧现象是指的路基土在碾压时，受压处下陷，周边弹起，如弹簧般地上下抖动，路基土体形成软塑状态，体积没有压缩，压实度达不到规定要求。

形成原因：碾压时土中的含水量超过最佳含水量较多；高塑性黏性土"砂化"未达到应有的效果；翻晒、拌和不均匀；碾压层下存在软弱层。

防治措施：低塑性高含水量的土应翻晒到规定含水量方可碾压；高塑性黏性土比较难粉碎，应进行两次拌灰，并存放一段时间，使其充分"砂化"；对产生的"弹簧土"应翻挖掺灰后重新碾压；施工时应注意气象情况，摊铺后应及时碾压，避免摊铺后碾压前的间断期间遭雨袭击，造成含水量过高以致无法碾压或勉强碾压引起弹簧。

### 7.6.2　路基压实度不够

形成原因：碾压遍数不够；压路机质量偏小；松铺厚度过大；碾压不均匀，局部漏压；含水量偏离最佳含水量规定值，或超过有效压实规定值；没有对之前表层浮土或松软层进行处治；土场土质种类多，出现不同类别的混填；填土颗粒过大，颗粒之间空隙过大，或采用不符合要求的填料。

防治措施：确保压路机的质量及碾压遍数符合规定；采用振动压路机配合胶轮轮压路机碾压保证碾压均匀；压路机应进退有序，前后应重叠；应在土质接近最佳含水量时进行碾压；当下层因雨松软或干燥起尘时，应彻底处治至压实度符合要求后再进行当前层施工。

### 7.6.3　压实层表面松散

形成原因：施工路段较长，压实机具不足；未及时碾压表层失水过多；压实土层的含水量低于最佳含水量过多；为调整高程而贴补薄层；碾压完毕，未及时养护即遇雨雪天气，表面受冰冻。

防治措施：确保压实土层的含水量与最佳含水量差在规定范围内；适当洒水后重新进行拌和碾压；结合压实机具情况，科学安排施工路段。

## 7.6.4 路基表面网状裂缝

形成原因：土的塑性指数偏高或为膨胀土；碾压时含水量偏大，且未能及时覆土；压实后养护不到位，表面失水过多。

防治措施：采用合格的填料，膨胀土采取掺灰处理；在填土接近最佳含水量时及时碾压；加强养护，避免表面水分过分损失；认真进行施工安排，科学划分施工段落。

## 7.6.5 路基表面起皮

形成原因：压实土层的含水量不均匀且失水过多；为调整高程而贴补薄层；碾压机具不足，辗压不及时，未配置胶轮压路机。

防治措施：确保压实土层的含水量均匀且与最佳含水量差在规定范围内；认真进行施工技术管理，及时调整每层填土厚度；配备足够合适的机具保证翻晒均匀、及时碾压。

## 7.6.6 路基边缘部分压实度不够

形成原因：压实机具未走到边缘，包边土未按规定碾压；路基填筑宽度不足，未进行超宽镇筑、超宽碾压；路基边缘漏压或压实遍数不够；采用三轮压路机碾压时，边缘带碾压频率低于行车带。

防治措施：路基按设计要求超宽填筑；控制碾压工艺，压路机一定要行驶到路基边缘，包边土与路基同层碾压；认真控制碾压顺序，确保轮迹重叠宽度和段落搭接超压长度；提高路基边缘带压实遍数，确保边缘带碾压频率高于或不不低于行车带。

## 参 考 文 献

[1] 中华人民共和国住房和城乡建设部. 建筑地基基础设计规范：GB 50007—2011 [S]. 北京：中国建筑工业出版社，2012.
[2] DUMAS, JEAN C. Dynamic compaction of saturated silt and silty sand-A case history [J]. Geotechnical Special publication, 2014.
[3] LI H. The family of compaction curves for fine-grained soil and their engineering behaviors [D]. Edmonton：University of Alberta, 2001.
[4] 何长征. 粉砂土路基压实度的控制 [J]. 公路与汽运，2001（4）：22-23.
[5] 时永林. 粉砂土路基施工与检测技术 [J]. 河南科技，2007（4）：44-45.
[6] 宋顺德. 平齐线增建二线及落坡工程粉砂土路堤的设计与施工 [J]. 路基工程，2005（1）：44-46.
[7] 曹卫东，商庆森，宋修广. 低液限粉土路基压实机理与性能研究 [J]. 华东公路，2003（3）：55-57.
[8] 申爱琴，郑南翔，苏毅，等. 含砂低液限粉土填筑路基压实机理及施工技术研究 [J]. 中国公路学报，2000, 13（4）：12-15.
[9] 叶东升，范跃武，沙爱民，等. 商开高速公路粉性土路堤填筑技术研究 [J]. 公路，2001（9）：114-118.
[10] 曹源文，李志勇，梁乃兴. 风积砂砂基压实工艺和方法分析 [J]. 重庆交通学院学报，2004, 23（4）：64-67.
[11] 耿福志. 风砂路堤施工及防护技术的研究 [J]. 石家庄铁道学院学报，2001, 13（2）：88-91.
[12] 张立辉，郑华，尹丽艳. 粉砂土路基施工技术 [J]. 交通科技与经济，2002（3）：11-12.
[13] 刘军. 粉砂土填筑路堤施工方法浅谈 [J]. 河南科技，2006（6）：77-78.
[14] 曹卫东. 低液限粉土填筑路基压实性能的研究 [D]. 济南：山东大学，2002.
[15] 陈忠达，张登良. 风积沙路堤压实技术的研究 [J]. 中国公路学报，1999, 12（2）：13-17.
[16] 魏五洲. 粉土地区工程基层结构设计研究 [J]. 河南交通科技，2000, 26（3）：22-24.
[17] 刘肇生. 含砂低液限粉土的击实试验与研究 [J]. 公路，1994（8）：29-31.
[18] 孙丽杰. 高等级公路高含水量低液限粉土路基施工 [J]. 铁道标准设计，2000, 20（6）100-101.
[19] 景学连. 粉性土路基施工技术总结 [J]. 西部探矿工程，2005（8）：152-154.
[20] 孟光军. 冲击压实在黄土区道路中的应用 [J]. 中国科技信息，2005（19）：135.
[21] 李治平，王洪波. 粉土地区公路病害与防治对策研究 [J]. 交通科技，2003（4）：48-50.
[22] 商庆森. 生石灰稳定黄河冲（淤）积粉土的可行性探讨 [J]. 山东工业大学学报（自然科学版），1999（2）：78-80.

[23] 王彦勇，王小亚. 水泥石灰稳定粉砂土路基的应用研究［J］. 北方交通，2016（8）：55-58.

[24] 陈辉星. 固化剂粉煤灰稳定粉砂土路基的试验及应用研究［J］. 交通科技，2017（5）：107-110.

[25] 朱辉，杜明芳，袁二键，等. 水泥石灰改良土在粉砂土路基处理中的应用［J］. 建筑技术，2014（7）：608-611.

[26] 尹正贵，杜明芳，袁二键，等. 黄泛区粉砂土路基处理方法的研究［J］. 河南科学，2013（5）：616-620.

[27] 岳爱敏，李焕坤，黄明利. 粉砂土在高速公路路基填料中的应用研究［J］. 市政技术，2018（6）：5-37.

[28] 屠晨阳. 水泥固化砂质粉土的强度试验及其机理研究［D］. 杭州：浙江理工大学，2018.

[29] 张孝彬，朱志铎，谭敏. 固化粉土底基层力学特性分析［J］. 施工技术，2017（11）：43-46.

[30] 王金生. 菏泽地区粉土底基层加固技术与施工技术研究［D］. 西安：长安大学，2012.

[31] 李希明，叶为民，冯守中. Soilfix 改良粉砂土路用性能试验研究［J］. 低温建筑技术，2012（12）：99-101.

[32] 丁毅，李乃军. 应用于粉砂土的土壤固化剂性能及机理分析［J］. 中国建材科技，2013（3）：46-48，63.

[33] 陈惠康，张召述，夏举佩. 河南粉砂土制备道路基层材料研究［J］. 粉煤灰，2010（2）：23-25.

[34] 李非桃，王斌. 京台高速公路（北京段）工程精细化设计［J］. 市政技术，2017（5）：36-40.

[35] 刘凯，王珊珊，孙颖，等. 北京地区地热资源特征与区划研究［J］. 中国地质，2017（6）：1128-1139.

[36] 赵永威. 公路路道粉砂土路基路用性能试验研究［D］. 郑州：郑州大学，2012.

[37] 贾三满，王海刚，赵守生，等. 北京地面沉降机理研究初探［J］. 城市地质，2007，2（1）：20-26.

[38] 王述红. 土力学试验［M］. 沈阳：东北大学出版社，2010.

[39] 孟莉敏. 岩溶山区高填方碎石土压实变形模拟与稳定性分析［D］. 贵阳：贵州大学，2007.

[40] 孙梅，张春香. 土的击实试验研究与应用［J］. 科技经济导刊，2018（1）：47.

[41] 杨小红. 土工击实试验过程中常见问题分析［J］. 甘肃科技纵横，2016，45（9）：67-68.

[42] 陈柏年，朱凤艳，韩勤. CBR 试验内在机理研究及影响因素的分析［J］. 交通标准化，2001（1）：28-30.

[43] 中华人民共和国交通部. 公路土工试验规程：JTG E40—2007［S］. 北京：人民交通出版社，2007.

[44] 莫小霞. 循环荷载作用下海积软土动力特性及细观结构试验研究［D］. 南宁：广西大

学，2017.

[45] 武科，马国梁，马明月，等. 公路路基粉土工程特性试验研究 [J]. 中南大学学报（自然科学版），2009, 40（6）：1724-1731.

[46] 孙宏林，赵新益. 下蜀黏土改良土填筑高速铁路基床的试验研究 [J]. 岩土工程学报，2004, 26（3）：293-295.

[47] 杨广庆，管振祥. 高速铁路路基改良填料的试验研究 [J]. 岩土工程学报，2001（6）：682-685.

[48] 徐勇，张婉琴. 石灰土作为铁路路基填料的研究 [J]. 岩石力学与工程学报，2001, 20（增 2）：1015-1017.

[49] 麻绍林. 如何提高石灰稳定土路面基层的强度 [J]. 山西建筑，2004, 30（4）：110-111.

[50] 徐勇，张婉琴. 石灰土作为路基填料的研究 [J]. 岩石力学与工程学报，1996（4）：57-64, 72.

[51] 陈新民，罗国煜，李生林. 生石灰改良膨胀土的试验研究 [J]. 水文地质工程地质，1997（6）：41-44.

[52] 邹瑞光，张德才. 二灰稳定材料强度分析 [J]. 山西交通科技，1997, 112（5）：11-14.

[53] 张立新，王家澄. 石灰土冻胀特性研究 [J]. 岩土工程学报，2002（3）：336-339.

[54] 汪文莉，曾宪伟，索旭方. 生石灰改良黏性土的作用机理 [J]. 山西交通科技，2003（5），16-17.

[55] 肖林，王春义，郭汉生. 建筑材料水泥土 [M]. 北京：水利电力出版社，1985.

[56] 孙立川，韩杰. 水泥加固土无侧限抗压强度影响因素分析及预测 [J]. 地基处理，1994（4）：31-37.

[57] 卢肇均. 地基处理手册 [M]. 北京：中国建筑工业出版社，1988.

[58] 黄鹤，张俐. 水泥土材料力学性能的试验研究 [J]. 太原理工大学学报，2000, 31（6）：705-709.

[59] 倪军，王德晓，张保俭. 高速铁路路基改良填料的工程特性试验研究 [J]. 石家庄铁道学院学报，2001, 1（4）：11-13.

[60] 高亚成，郑建青. 水泥土的室内试验研究 [J]. 河海大学学报，1999, 27（5）：103-106.

[61] 周丽萍，申向东，白忠强. 外掺剂对冻融循环水泥土强度影响的试验研究 [J]. 人民长江，2008, 39（24）：73-76.

[62] 宁宝宽，陈四利，刘斌. 冻融循环对水泥土力学性质影响的研究 [J]. 低温建筑技术，2004，（5）：10-12.

[63] 马卉，张志良，岳丰田，等. 水泥改良粉质黏土的冻土强度变化规律 [J]. 科学技术与工程，2018, 18（17）：291-296.